향기촌 100년 행복 기획서

한국 최초의 기획 도농 상생 마을

향기촌 100년
행복 기획서

초판 1쇄 인쇄 2020년 8월 7일
초판 1쇄 발행 2020년 8월 14일
재판 1쇄 발행 2023년 11월 10일

지 은 이 이영준
디 자 인 박애리
펴 낸 이 백승대
펴 낸 곳 매직하우스

출판등록 2007년 9월 27일 제313-2007-000193
주   소 서울시 마포구 모래내로7길 38 서원빌딩 605호(성산동)
전   화 02) 323-8921
팩   스 02) 323-8920
이 메 일 magicsina@naver.com
I S B N 979-11-90822-02-2

*책값은 표지 뒤쪽에 있습니다.
*파본은 본사와 구입하신 서점에서 교환해드립니다.

향기촌 100년
행복 기획서

한국 최초의 기획 도농 상생 마을

〈저자의 말〉

사색의향기 회원들의
꿈과 희망을 담아

이영준

    1959년 충북 청주 출생, SK에서 조직과 일, 일진에너
지에서 경영을 배웠다. 회사를 창업하여 시장에서 살아남기
위해 경쟁의 중심에 서보기도 하였으며 쓴맛도 봤다.

    2004년에는 비영리 문화나눔단체 '사색의향기'를 설
립하고, 현재는 상임이사로 운영을 책임지고 있다. 대한민
국위멘위원회 사무총장, 서울경제연합 상임이사 등 다양한
단체에서 사회공헌 활동을 해 왔다. 태안 기름유출사고 당시
에 환경운동을 주도했던 '태안사랑' 사무총장 역할을 맡기도
했다. 한편 미국GGU 글로벌리더십 명예박사, 다수대학교 외
래교수, 주)파치 CEO, 정부 및 광역지자체 정책자문위원 및
재정기획심의위원을 역임하였다.

사색의향기[1]는 창립 이래 174만 회원이 참여하고 있으며, 다양한 생활, 문화, 사회공헌 활동을 진행하고 있다. 그러던 중 한국의 미래 마을공동체의 모델로 도농 상생 공동체인 '향기촌'사업을 추진하게 되었다. 코로나 사태로 전 세계가 어려움을 겪었지만, 현재 '향기촌' 사업은 참여한 분들의 호응 속에 비교적 순항 중이다. 사색의향기는 그동안 시간과 땀과 모색과 성찰을 축적하여왔고, 이를 밑거름 삼아 100년 이상 지속가능한 대안 공동체 건설을 시작하였다.

'문화단체' 회원들이 중심이 되어 '대안 공동체'를 만들어 낸다는 것은 '사색의향기'의 역사에서 일대 전환을 의미한다. '문화나눔'과 '모색'으로부터 '대안의 창조'로의 상승이자, 도약이기 때문이다. 향기촌은 '사색의향기' 회원들의 소망의 결실이자 나의 노년의 전부다. 아울러 '사색의향기' 시니어들과, 대한민국의 오늘을 만들어왔던 기성세대의 미래 희망을 약속하는 행복공동체이기도 하다.

나는 앞으로 여기에서 그동안 함께 활동해오고 같은 시대를 살아왔던 주민들과 같이 늙어가면서, 죽는 날까지 헤어짐 없이 여생을 보낼 생각이다. 시작이 반이라고 한다. 나머지 반은 과정 속에서 흘릴 땀과 사색과 도전의 영역이다. 이 일을 시작하면서 미래가 장밋빛이라기보단

1

2004년에 설립한 대한민국를 대표하는 문화나눔 단체이며 2023년 현재 174만 명의 회원과 기간회원 3만5천명이 함께하고 있고 대의원(임원과 고문, 자문위원, 운영위원, 지부장, 산하기관 임원) 800명이 함께하는 비영리 단체.

잿빛에 가까운 대한민국과 전 세계의 시니어들에게 '우리도 할 수 있다'고 하는 희망의 시그널을 보내고 싶다. 이 책은 그동안 '사색의향기' 활동을 함께 해 온 회원들의 정성과 지혜와 실천의 역사를 돌아봄과 동시에, 100년을 내다보는 행복공동체의 밑그림에 대한 성찰의 산물이다. 그동안 순수한 열정을 방울방울 모아 준 회원들, 그리고 그 방울들을 모아 강을 이루게 하고, 사회공헌을 통해 문화와 지혜의 터전을 일구어 온 임원들의 헌신적인 노력에 경의를 표하고 싶다. 그들의 꿈과 희망의 소망을 담아 이 책을 펴낸다.

Chapter 2
향기촌 지속가능 발전방안

Chapter 3
향기촌 수행과제 및 실행계획

Chapter 4
향기촌 마을 입지 요건

Chapter 5
향기촌과 세계 명품 공동체마을

에필로그

추천사

〈발간사〉

대한민국의 시니어들에게
후반기 삶에 대한
올바른 이정표를 제시한다

2020년 초 미증유의 코로나 바이러스의 습격으로 인해 인류는 심각한 도전에 직면했다. 코로나 바이러스는 산업 전반, 생활의 모든 면에서 전 지구촌에 새로운 패러다임을 요구하고 있다. 많은 전문가들이 Post Corona에 관련된 다양한 전망들을 앞다투어 내놓고 있다.

　한국의 시니어들은 이미 당면해 있는 제4차 산업혁명, 고령사회, 베이비부머 세대들의 본격적 은퇴 등이 가져온 대변화의 시기에 코로나 바이러스로 인해 혁명적 변화를 하지 않으면 대처하기 어려운 생존의 변곡점에 놓여지게 되었다.

20세기 중반 마하트마 간디는 인간생존의 자연적, 문화적 토대가 급속도로 허물어지고 있는 시기에 인류사회에서 절실히 요구되는 희망을 마을을 통해서 찾아야 한다고 역설('Village Swaraj', 1962년 인도의 Navajivan 출판사)한 바 있다.

2004년 행복한 문화나눔 커뮤니티로 출범한 사색의향기가 문화나눔 운동을 전개하면서 10여 년 전부터 탐색해 온 주제도 이것이었다. 즉, 삶이 팍팍해지고 양극화로 인해 사회적 갈등이 팽배해 가는 가운데 평균수명이 급속하게 늘어나는 시대, 도시 은퇴자들은 후반기 삶을 어떻게 설계해야 하는가 하는 물음에 대한 답을 모색하던 중 '도시가 아닌 곳에서의 마을살이'에서 그 답을 찾았다. 바로 집단 귀촌 마을 '향기촌'을 구축하는 것이었다.

사색의향기는 대한민국의 급속한 경제성장과 정보화, 글로벌화 과정에서 형성된 사회적 불균형 상황에서 구성원들의 다양한 정신 문화적 욕구를 민간차원에서 충족시켜 건강한 사회를 만들고자 노력하는 문화운동 단체이다. 그간의 문화운동을 통한 축적된 경험과 사색의향기에 지속적으로 보내온 회원들의 관심과 공감대를 바탕으로 지난 2018년 8월 '향기촌'이라 명명한 행복한 마을공동체가 역사적 첫걸음을 내딛게 되었다.

앞서 언급한 것처럼 현재 한국의 시니어들은 은퇴나 실직 이후에는 박약한 사회안전망의 테두리에서 후반기 삶을 어떻게 설계하고 개척해야 하는가 하는 난제를 풀기 위해 고민하고 있다. 이에 대한 대안의 하나로 귀농 귀촌이 시도되고 있지만 제대로 정착하고 경제적 안정을 취하면서 행복한 생활을 영위하는 것은 여러 가지 이유로 대단히 어려운 게 현실이다.

귀농 귀촌은 대부분 단편적 정보와 개인적 판단에 의해 이루어지는 경우가 많아서 막상 현실적으로 부딪치는 현지인들과의 갈등, 토지 구입 및 사용에 따른 인허가의 어려움, 안정적인 생계수단의 확보, 편의시설 부족, 사회적 고립감 등 물질적 정신적으로 극복해야 할 난제들이 수두룩하다.

상기한 난제들을 해결하고 주민 한분 한분이 진정 존중되는 마을공동체에서 제2의 삶을 영위하면서 새로운 사회적 관계를 형성하는 가운데 마음의 고향을 만들어 가는 것은 개인 중심의 귀농 귀촌의 모델로서는 매우 어려운 일이다.

이에 따라 사색의향기는 상호신뢰와 문화적 공감대를 바탕으로 관련 분야 전문가들이 예비 주민으로 대거 참여한 가운데 향기촌 프로젝트를 시작하였다. 경영전문가, 자산전문가, 법조인, 문화인류학자, 의료인 등 다양한 분야의 전문가들이 기획단계에서부터 함께 했다.

향기촌 추진위원회(이후 향기촌 운영위원회)는 향기촌 협동조합 및 농업법인 향기촌을 발족하였고 전국적으로 적합한 토지를 조사하여 그 결과 충남 홍성군 갈산면 대사리 소재 대상 토지를 구매하였다. 또한 향기촌에 정주할 주민들을 모집해 나가는 가운데 해당 지역의 지자체 관계자들과의 협의를 진척시켜 나가는 한편, 대상 토지에 베이스캠프 및 임시 숙소를 마련하였다. 이후 현재에 이르기까지 토지 정지 작업을 포함한 토목공사와 정주민이 생활할 주택건축을 진행하고 있으며 이와 병행하여 주민들이 함께하는 온라인 커뮤니티를 통해 마을 운영의 방향에 대한 진지한 논의를 계속해 나가고 있다.

향기촌은 사색의향기의 정관상에 명시되어 있는 목적 사업의 하나로 당연히 사색의향기의 정체성을 유지하고 사색의향기가 추구하는 가치와 그 궤를 같이하고 있다. 이를 바탕으로 생존의 변곡점에 직면해 있는 대한민국의 시니어들에게 향기촌을 통해 후반기 삶에 대한 올바른 이정표를 제시하고자 한다. 나아가서 한국의 시니어들과 동일한 상황에 처해 있는 지구촌의 시니어들에게도 충분히 참고가 될 만한 'Reference Model'로서의 역할을 다할 것이다.

향기촌의 경험과 실험이 우리나라에 있는 마을은 물론이고 전 세계의 마을들에게 공유되길 바란다. 궁극적으로 향기촌과 지구촌 마을들이 인드라망으로 엮어져 서로가 연결되고 서로를 비추면서 100년 이상 지속가능한 더불어 살아가는 마을로 자리매김하길 희망한다.

필자의 작은 바람은 '향기촌 100년 행복기획서'가 5:95의 양극화라는 냉엄한 시대 현실 속에서 행복하고 품위 있고 건강한 삶을 개척해 나가는 대안 모색에서 얻은 성과물의 하나로 기록되는 것이다. 한편으로는 대안 모색의 논의과정에서 모여진 지혜의 결과물로서의 향기촌의 발자취가 무엇보다도 미래의 시니어 생활을 암담하게 바라보고 있는 청년들과 어린

이들에게도 희망이 될 수 있길 간절히 소망한다.

끝으로 향기촌 사업 시작부터 지금에 이르기까지 아낌없는 관심과 성원을 보내주고 계시는 사색의향기 임원들과 특히 굳게 믿고 후원해 주시는 박형식 향기촌 촌장님을 비롯한 향기촌 운영위원분들에게 깊이 감사드리며, 앞으로도 성공적인 향기촌 건설 및 이를 통한 지역사회 발전에 함께 해주시기를 부탁드린다.

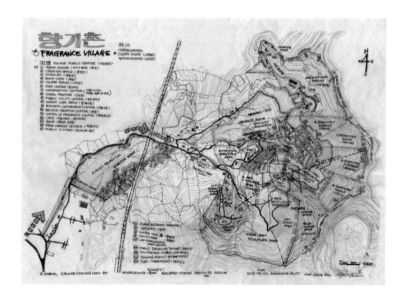

Chapter

1

향기촌 100년 행복기획
개요

향기촌 시작 기반,
사색의향기

향기촌의 시작은 행복한 문화나눔 공동체 사색의향기로부터 비롯되었다. 2004년에 설립된 사색의향기는 우리 사회를 보다 건강하고 행복하게 하기 위해 문화나눔 운동을 펼치는 단체이다. 설립 이후 지금까지 사색의향기는 문화나눔 운동을 적극적으로 실천해 오면서, 참여한 사람들에게 많은 감동을 주고 공감대를 넓혀 왔다. 이러한 활동이 전파되고 확산되면서 점점 많은 이들이 동참해 왔다. 문화나눔 운동의 요체는 문화를 매개로 사회적 관계를 증진시키고 이를 토대로 사회적 가족을 만드는 것이라고 할 수 있다.

　유엔 산하 자문기구인 지속가능발전위원회에서 2019

년 3월 20일 발표한 '2019년 행복 국가지수'에 의하면, 우리나라는 10점 만점에 5.90으로 156개국 중 54위(1위 : 핀란드, 미국 19위)를 차지했다. 한국은 기대 수명(9위)과 1인당 국민소득(27위) 부문에서는 상위권에 올랐으나 사회적 자유(144위), 부정부패(100위), 사회적 지원(91위) 등에선 좋은 점수를 받지 못했다. 아시아 국가 중에서는 대만이 6.466점으로 전체 25위에 올라 가장 순위가 높았으며 싱가포르(34위), 태국(52위) 등이 뒤를 이었다. 일본과 중국은 각각 58위, 93위로 한국보다 뒤떨어졌다.

보고서의 공동 편집자들은 "전 세계적으로 경제성장이 지속하고 있음에도 행복도는 전반적으로 상당한 수준으로 후퇴하는 경향을 보인다."라면서 "이는 경제적 부가 행복의 유일한 척도가 아니라는 사실을 새삼 보여준다."고 지적했다.

영국의 경제학자 리처드 레이어드는 『행복에 관한 새로운 과학(The New Science of Happiness)』이라는 저서에서 국민소득이 2만 달러를 넘으면 소득과 행복의 상관관계는 크지 않다는 '행복의 함정'을 주장하였다. 경제적 만족이 어느 정도까지는 행복을 증진시키지만 어느 정도를 넘으면 비경제적인 요소들이 행복도에 큰 영향을 준다는 이론들은 이 외에도 많다. 물론 행복 증진에 있어서 경제적 요소가 여전히 중요하겠지만 정신 문화적 요소의 비중이 점점 더 커지고 있다는

데 많은 학자가 동의하고 있다.

우리나라는 국가의 경제력과 삶의 객관적 질에 있어서 상위권이지만, 심리 사회적 욕구 충족, 긍정 정서를 경험하는 빈도는 그에 미치지 못하고 오히려 부정 정서를 많이 경험하는 점에 있어서 상위권이다. 왜 우리나라는 국민이 느끼는 행복감정이 경제력에 비례하지 못하고 있는 걸까? 이와 관련한 한국의 여러 연구[2]와 조사보고서[3]들은 하나같이 사회나 직장을 막론하고 삶에 있어서 행복을 결정짓는 요인은 정신 문화적 풍요와 만족감이 보다 더 비중이 높다는 것을 보여주고 있다.

사색의향기가 지난 19년간 정신적 가치 교류와 문화나눔 운동을 지속적으로 펼쳐 온 이유가 바로 여기에 있다. 사색의향기는 인문학 기반의 행복한 문화나눔을 통하여 사회적 관계를 증진하고 이를 통해 건강한 사회적 가족을 만들어 가는 것에 우선적 목표를 두고 있다. 정신적 가치 교류와 문화나눔을 통해 궁극적으로는 공동체를 성장시키고 발전시키는 데 기여하는 일이야말로 국민의 행복을 증진시키기 위해 우리가 할 수 있는 가장 중요한 사명이라는 것을 스스로 자각하고 자율적으로 전개하며 발전해 온 것이다.

[2]
논문 〈소득수준과 문화적 여건이 행복감에 미치는 영향(정보람, 전인수, 2017)〉 참조

[3]
직원들의 행복을 관리하는 솔루션 기업인 TINY pulse가 전 세계 500개 이상의 기업에서 40만 명을 대상으로 한 조사 보고서 참조

사색의향기 정체성(Identity)

첫째, 목적의 정체성은 '행복한 사회를 만드는 공유가치를 창출'하는 것이다.

사색의향기는 지속적으로 문화나눔 운동을 통해 사회적 문제를 공유하고 함께 고민함으로써 '행복한 사회를 만드는 공유가치를 창출'하는 것을 목표로 운영해 왔다.

둘째, 가치의 정체성은 '비경쟁 사회적 가족 관계를 추구하는 것'이다.

사색의향기는 회원들의 문화 활동의 장을 풍부화하는 동시에 문화 소외계층을 대상으로 문화향유 기회를 확대할 수 있는 공

간을 창출, 사회구성원 간 문화 격차를 최소화할 수 있는 다양
한 노력을 펼쳐왔다.

셋째, 운영의 정체성은 자율과 수평이다.

사색의향기는 가치면에서 비경쟁을 지향함과 아울러 특정인
이 활동을 독점하거나 소유하지 않는 자율원리와 수평원리를
중심으로 운영하여 왔다. 즉, 모든 사업은 단체의 규약에 명
시된 목적사업으로 구체화 되어 진행되었으며 회계도 법이
정한 기준에 맞게 투명하게 처리되어 왔다.

**넷째. 지향의 정체성은 문화나눔에서 시작하여 '생활, 문화나
눔, 사회공헌의 삼위일체'를 이루는 걸 의미한다.**

문화를 공유하는 사회적 교류차원에서 한 걸음 더 나아가 마
을공동체를 만들어 삶을 아름답게 마무리(웰에이징, 웰다잉)
하는 차원까지 발전한다는 방향으로 이어져 왔으며 이는 향기
촌 마을로 구체화 되고 있다. 나아가 상호부조, 고용창출을 목
표로 하는 진일보된 활동계획이 머지않아 가시화될 것이며 이
를 통해 다양한 사회공헌 활동이 뒤따를 것이다.

다섯째, 회계의 정체성은 투명과 공정이다.

사색의향기는 법이 정하는 기준과 원칙에 따라 투명하게 운영

하며 내부의 어떤 특정인이나 특정조직에 불공정한 부담이나 이익을 편중하지 않는 투명과 공정의 원칙을 따라 운영한다.

여섯째, 사회적 가족 관계 추구의 정체성은 범지구적이다.

우리 사회가 직면하고 있는 많은 문제는 지구촌이 공통으로 겪고 있는 문제이며 서로 협력해서 해결해야 할 문제들이다. 4차 산업혁명으로 인한 경기침체와 양극화 심화로 인한 실업, 노령화, 소외 집단의 출현은 한국만 당면한 문제가 아니다. 기상이변으로부터 발생하는 자연환경 훼손 방지와 보존, 식량문제, 보건 등의 문제도 또한 그러하다. 나아가 민간이 주도하는 자립적인 생활문화 사회공헌 공동체의 구성도 전 세계 인류가 지혜를 모아 풀어갈 숙제들이다. 우리는 이와 같은 정체성을 선언함으로써 회원들이 보다 더 행복하게 살 수 있도록 기여함은 물론, 사회적 모델을 제시하고 이를 국제적으로 확산하고 교류하도록 더욱 더 노력할 것이다. 이것이 사색의향기의 Identity이자 존재의 이유이다.

사색의향기 목적사업(Purpose Business)

사색의향기 목적사업은 '사회공헌을 위한 비영리 문화나눔 사업'으로 2004년 설립 시 제정하고 허가받은 그대로 현재에도 지속적으로 유지되고 있다.

사색의향기 목적사업의 가장 본질적인 부분이자 특성 은 '디지털 도구를 사용하지만 아날로그 감성으로 행복한 문화 를 나누는 것'이다.

정관 제3조(목적) 사항을 보면 "본원은 행복한 문화의 나눔터로서 선진적이고 건전한 문화 봉사활동으로 사회 및 국 가 발전에 이바지함에 그 목적이 있다."라고 사색의향기 설립 목적을 명확하게 명시하고 있다. 또한, 사색의향기 정관 제4 조(사업)에 따르면 "본원은 제3조의 목적을 달성하기 위하여 다음의 사업을 한다."라고 규정되어 있으며 그 구체적인 내용 은 아래와 같다.

1) 매일 좋은 글을 회원에게 보내는 이메일 발송사업

2) 행복한 문화 커뮤니티 운영 사업

3) 행복한 여가문화 활성화 사업

4) 출판 및 독서문화 활성화 사업

5) 역사탐방 및 문화기행 사업

6) 문화를 통한 사회공헌 사업

7) 독서권장, 무료도서 대여 및 지원 사업

8) 도서관 설립 및 운영 사업

9) 한글 사랑 운동 사업

10) 문화예술 전반의 문화인 탐방 및 고양 사업

11) 시니어의 역량과 경륜을 소비할 일자리 창출 사업

12) 행복하고 테마가 있는 귀촌마을 설립 및 운영 사업

13) 인문학 및 여가문화 활성화를 위한 교육 사업

14) 행복한 문화를 알리는 인터넷 신문 운영 사업

15) 행복한 여가문화 연구 사업

16) '사색의향기' 명예의 전당 및 행복한 문화성지 건립 사업

17) 건강 증진을 위한 힐링 프로그램 운영 사업

18) 기타 위 각 호에 부대되는 사업 일체

이상과 같이 사색의향기의 목적사업은 그 자체가 비영리사업임이 정관에 명시되어 있다. 사색의향기는 이러한 목적사업을 통해 사회적 공유가치를 창출하고자 끊임없이 노력하고 있다.

사색의향기 가치(Value)

법인을 포함한 어떠한 단체, 어떠한 조직도 나름대로 가치 혹은 가치 체계를 가지고 있다. 이들이 속해 있는 상위조직인 사

회도 마찬가지다. 이 가치야말로 해당 사회를 지속할 수 있게 만드는 데 필수불가결한 것이다. 이에 따라 사회구성원은 평생 동안 교육이나 일상생활을 통하여 사회생활에 있어서 필수적인 가치 체계를 내면화하게 된다.

　　주지하는 바와 같이 인터넷 메일링(E-mailing)을 통한 네트워크 구축 사례는 우리나라뿐만 아니라 외국에도 많다. 또한, 문화를 통한 사회공헌의 사례 또한 마찬가지이다. 사색의향기는 이런 비슷한 유형의 단체들과 유사한 가치 체계를 갖고 있지만 사색의향기만의 차별화된 가치를 가지고 있다.

　　여기에서 말하는 '가치'는 기업 등의 경우, 광고효과로 측정되는 상업적 가치로 간주된다. 그러나 사색의향기는 경제적으로 계량되는 상업적 가치보다는 무형의 가치를 더욱 소중하게 생각한다. 이런 이유로 사색의향기는 설립 이후 지금까지 유행을 타지 않고 순수하게 차별화된 건강한 사회를 만들 수 있는 공유가치를 도출하고, 이를 실현하기 위해 노력하여 왔다. 창출된 공유가치를 통하여 사색의향기는 비경제적이며 비경쟁적인 모델로 자리 잡았으며(Positioning), 이를 토대로 행복한 문화나눔 운동을 적극적으로 펼쳐왔다.

　　한국의 경우, 온라인 권력자가 운영하는 포털 외에도, 독립적으로 사이트를 운영하는 단체가 여러 개 있지만 대부분 특정인이 절대적인 영향력을 발휘하며 소유하고 있으며, 또한 상업적인 가치를 중요시하며 운영되고 있다. 이들과는 다르게 상업활동을 전면에 내세우지 않으면서도 정신문화적 행복을 추구하는 문화나눔을 통하여 사회에 공헌하는 일을 지속적으로 추진해 왔다.

사색의향기는 숨어있는 네 잎 클로버(행운)를 찾기보다는 쉽게 찾을 수 있는 세 잎 클로버(행복)를 진정으로 즐길 수 있게 만들었고, 그것이 바로 사색의향기만이 가지는 보편적인 가치다.

그 차별화된 내용을 살펴보면,

· 특정인이 소유하지 않음
· 투자 대비 영향력이 큼
· 회원 스스로가 참여를 통하여 부담하는 원칙 고수
· 이메일을 받겠다고 동의한 회원 수
· 출판 산업계를 지원하는 것
· 행복한 문화나눔 운동을 지속적으로 펼치는 것
· 비경제적이며 비경쟁 원칙 준수

상기한 '행복한 문화나눔'의 가치는 온라인에서는 일반화되지 않은 사색의향기만의 차별화된 공유가치이자 존재의 이유이기도 하다.

사색의향기 새로운 시작

사색의향기는 지난 2016년에 열린 사색의향기 대의원총회에
서 2004년 창립 이래 사색의향기 첫 번째 시대의 패러다임의
성과를 바탕으로 제2의 창립, 즉 사색의향기 두 번째 시대를
여는 Ver_2.0(Version 2.0)을 선언한 바 있다.

첫 번째 시대 성과

2004년 2월 5일 출범한 사색의향기는 순수한 글들을 모아 참
여자 모두에게 스스로가 감동을 받을 수 있도록 징검다리 역
할을 해왔다. 그리고 그 감동이 모여 다른 사람들에게 보다 큰
감동을 주는 모습으로 느리지만 견실하게 성장해왔다. 또한,
우리나라를 비롯하여 세계에서 한글을 사용하는 모든 사람의
순수함과 행복함, 서로의 어우러짐을 추구함과 동시에, 향기
로운 삶을 살고자 하는 마음들을 모아서 문화나눔 커뮤니티 사
색의향기를 만들어왔다.

첫 번째 시대에 사색의향기가 이룩한 행복한 문화나눔
의 성과를 요약하면 다음과 같다.

1) 유행을 타지 않고 순수하면서도 차별화된 아날로그식 가치를
지속적이고 일관되게 추구하여 그 바탕 하에 공유가치를 만듦

2) 만들어진 공유가치를 비경제적이며 비경쟁적인 모델로 자리 매김함

3) 행복한 문화나눔 커뮤니티를 만들고 이를 지속적으로 발전시켜 옴

Ver_2.0 선언

Ver_2.0은 사색의향기의 새로운 10년을 이끌어 갈 새로운 패러다임, 즉 사색의향기의 비전을 의미하며, 사색의향기가 2nd 시대를 맞아 대한민국을 대표하는 행복한 문화나눔 단체로 국가의 품격을 높이고 건강하고 행복한 사회를 만드는데 이바지할 것을 실천하는 기준이 될 것이다.

Ver_2.0의 주요 발전 전략을 살펴보면 다음과 같다.

· 사색의향기 문화나눔 운동의 적극적인 공유

· 커뮤니티 및 목적사업의 가치 제고

· 인문학 기반의 문화나눔 교육 프로그램 개발 및 운영 활성화

· 문화나눔 운동가 및 지도자 양성

· 마을 만들기 사업의 롤 모델 만들기

· 글로벌 사업 본격 추진

상기한 사색의향기 주요 발전 전략 중 가장 중요한 것

은 '마을 만들기 사업의 롤 모델 만들기'다.

이 과제를 수행하는 과정에서 사색의향기는 마을 만들기 지도자를 양성하여 우리나라 곳곳에 향기촌 모델을 확산하는 사명을 수행해나갈 것이다.

대한민국 최초로 도농상생의 공동체로 기획된 마을공동체는 이처럼 사색의향기의 2nd 시대의 핵심과제로 탄생하게 되었다. 그리고 그에 대한 구상과 계획을 이 책, 『향기촌 100년 기획서』가 밝히고자 하는 것이다.

향기촌 사업 개요

향기촌 사업 개요

향기촌 사업은 100년 이상 지속가능한 도농 상생형 집단 귀촌 마을을 건설하는 것이다. 보다 자세히 설명하면 향기촌 사업은 도시의 고비용 생활을 청산하고 자연과 함께 마을 구성원들이 제2의 가족으로 재탄생함으로써 취미활동은 물론이요, 개개인의 역량과 경륜을 바탕으로 한 생산과 소비 활동을 공동으로 영위하는 사업이다. 그리하여 궁극적으로는 사색의향기와의 상호 보완을 통해 도농 간의 경제적 자립을 이룩하고 건강하고 행복한 삶을 실현하고자 한다. 이 마을공동체 향기촌 만들기는 이 사업의 토대이자 뿌리인 사색의향기로부터 비롯되었다.

　우리가 알고 있는 일반적인 개념의 귀촌을 추진하는 사람들은 도시에서의 생활을 접고 자연 속에서 제2의 인생을 살며 행복을 꿈꾸지만 많은 경우 추진과정에서 장벽을 만나게 된다. 많은 시니어가 귀촌을 생각하면서도 쉽게 도시를 떠나지 못하는 이유도 바로 여기에 있다. 향기촌은 이러한 장벽들을 피해 안정된 정착을 이루도록 안내해주는 곳이며 사색의향기 활동 과정에서 축적된 경험과 신뢰를 기반으로 토지, 건축, 문화인류학, 경영 등 관련 분야의 전문가 집단의 지혜를 모아서 추진되고 있다.

　향기촌이 들어서게 된 부지는 전국적으로 후보 지역을 수년간에 걸쳐 물색한 결과 서울 강남에서 1시간 반 거리에 위치하는 지역을 선정하였으며 주변 시세보다 싼 가격과 산과 바다, 고속도로가 인접한 우수한 입지조건을 갖추고 있다. 이 과정에서 오랜 기간 전문가들의 검토 및 검증과정을 거쳤으며 지방자치단체와 우호적 관계를 구축하는 등 협력 여건을 조성하였다.

　일반적으로 귀촌을 원하는 시니어들은 지인들이나 인터넷을 통해 정보를 얻고 발품을 팔아가며 지역을 선정한다. 그리고 토지를 매입하게 되는데 이 단계에 들어가면 토지의 종류, 용도 등 법적으로 정해진 까다로운 규정들을 이해하지 못해 입지조건으로 부적합한 땅을 비싸게 사거나 심지어는 집을 지을 수 없는 땅을 매입하는 등 장벽을 만나게 된다.

땅을 제대로 매입했어도 건축에 대한 지식이 부족하여 집을 짓는 과정에서 기후나 주변 여건에 맞지 않는 집을 설계하거나 건축업자와의 마찰로 10명이면 8, 9명이 많은 마음고생을 하게 된다.

다음으로 복잡한 인허가 과정이 기다리고 있게 마련이다. 도로, 상하수도, 정화시설 등과 관련 수많은 규제를 통과해야 인허가를 무사히 마치고 준공을 할 수 있으나 준공절차를 밟는 과정에서 규정에 맞지 않는 시설로 인해 이중, 삼중으로 재공사를 해야 하는 고초를 겪게 된다.

제일 곤혹스러운 일 중 하나는 마을 주민들과의 갈등으로 인해 민원이 발생하여 공사가 지체, 또는 중단되거나 준공 후 입주한 상태에서 이웃 주민들과 심각한 소모전을 치루는 것이다.

이때쯤 되면 빠듯했던 예산을 훨씬 뛰어넘는 계산서를 받아들고 '내가 왜 귀촌을 했나'하는 후회를 하는 사람도 생기고 심지어는 지은 집을 담보삼아 빚을 내게 되는 경제적 부담을 안게 되는 경우도 있다.

향기촌에 입주하는 주민들은 이런 장벽들과 위험요인

들을 직접 거칠 필요가 없다. 개별적 귀촌의 경우 필연적으로
발생하는 부담과 위험을 피해 행복한 시니어의 삶을 마음 편
하게 이룰 수 있다. 공동체의 생활 자체를 구성원들이 모여 숙
의하여 정하기 때문에 입주 후, 각자가 자신이 좋아하는 일을
할 수 있고, 비슷한 향기를 내는 사람끼리 모여 공동의 취미 생
활을 설계할 수 있게 된다.

뿐만 아니라 실질적인 프로그램 운영을 통해 지속가능
한 마을공동체를 스스로 만들어 가는 관리 주체의 역량을 향상
시킬 수 있게 된다.

첫째, 향기촌은 건강을 우선 중시한다. 자연 속에서
상쾌한 공기를 마시고 즐겁게 노동을 하며 건강을 돌볼 뿐 아
니라 스마트 캐어 시스템을 적용하여 마을센터에서 입주민들
의 건강상태를 실시간으로 확인하여 질병을 대비하는 예방보
건 시스템을 운영한다. 또 마을 입주민 중 의약업에 종사하던
이웃으로부터 도움을 받으며 인근 의료센터와의 제휴를 통해
긴급 상황 발생 시 의료혜택을 즉시 받을 수 있는 시스템을 갖
춘다.

둘째, 마을은 도농 상생 온라인 시스템을 구축하여 자
신들이 생산한 농산물이나 공산물을 판매하고 다른 회원들이

판매하는 생필품들을 검증된 품질과 신뢰를 기반으로 저비용으로 구입할 수 있게 된다.

셋째, 스마트 농업이나 스마트 스타트업을 할 수 있는 환경을 만들어 젊은이들의 일자리를 창출하고 세대 간 벽을 허물고 교류를 활성화하는 노력을 지속적으로 경주할 수 있을 것이다. 특히 지역 관광과 어린이 교육 분야에서 스타트업이 생길 수 있는 가능성은 충분하다.

넷째, 마을 주민들이 스스로 지역사회에 봉사할 수 있는 문화프로그램을 기획할 수 있고 비대면 시대를 맞아 온라인 교육이나 유튜브 방송을 통해 사회공헌 사업 또는 상업적 비즈니스도 추진할 수 있다. 이를 위한 디지털 인프라를 마을 센터에 구축하게 될 것이다.

현재 1차로 향기촌 사업이 진행되고 있는 지역은 충남 홍성과 서산 경계지역인 홍성군 갈산면 대사리에 위치한 30여만 평의 부지다. 낮은 산자락 아래에 위치하여 서해안 바다를 바라 볼 수 있는 아늑하고 편안한 친자연적인 곳이다. 이곳에 향기촌 구축이 마무리되면 250가구의 주민들이 행복을 누리며 후반기 삶을 영위할 수 있는 공동체 마을로 자리 잡게 될 것

이다. 이는 향기촌의 프로토타입(prototype)이 되어 제2, 제3
의 향기촌 건설로 이어지게 될 것이고 나아가 대한민국의 다
른 마을이 벤치마킹할 수 있는 롤 모델이 될 수 있다. 그리하여
향기촌은 도시인 정서를 담아낸 100년 이상 지속가능한 명품
마을로 우뚝 서게 될 것이라 확신한다.

향기촌 사업 추진 배경

한국 전쟁 직후 태어난 '베이비붐' 세대(베이비부머, 1955~
1963년생)의 은퇴가 2012년에 시작된 이후 2021년부터 가
속화되고 있어 이들의 생활 안정을 위한 재취업 방안 마련이
시급하다는 지적이 사회 곳곳에서 제기되고 있다. 한국고용
정보원 '고용조사 브리프'에 실린 보고서에 따르면 2019년 8

월 기준으로 베이비부머 인구는 723만 명이고 이들의 고용률은 66.9%다. 특히 향후 6년간 535만 명이 퇴직할 것으로 전망된다. 하지만 은퇴 이후에 대한 대책은 매우 암담하게 보인다. 베이비부머 은퇴자가 노후 대비나 사회적 지원이 부족해 은퇴 후에도 생계형 일자리를 찾는 비율이 86.6%가 넘지만 일자리의 숫자 부족은 물론, 질적 수준 저하로 노인 빈곤 등 심각한 사회 문제로 이어지는 것이 현실이다.

1) 베이비붐 세대란

베이비붐 세대는 전쟁이 종결된 직후 출산율이 이전보다 크게 높아지던 시기에 태어나서 산업화를 통한 고도 경제성장, 정치적 민주화, 그리고 외환위기와 최근의 글로벌 금융위기에 의한 정리해고 등을 경험한 세대다. 베이비부머는 이전 세대와 비교하여 학력 수준이 높고, 노동시장 참여가 활발한 세대다. 조사자료들을 보면 은퇴를 해도 다시 노동시장으로 재진입하면서 은퇴 시기를 늦추는 것을 원하는 세대이기도 하다.

2) 베이비붐 세대와 고령사회

베이비붐 세대의 은퇴 시기는 사회적으로 고령사회가 본격화하는 시기다. 저출산 고령사회는 이제까지와는 다른 관점으로 생애주기를 설계하고 그에 근거해 법적, 제도적, 문화적 대응

방식을 구상할 필요가 있다. 하지만 정부는 이렇다 할 종합대
책을 내놓지 못하고 있는 가운데 이들은 최근 은퇴를 경험하면
서 늘어난 인생 후반기를 어떻게 보내야 하는지, 자신의 역할
은 무엇인지 고민과 혼란 속에 있다. 한 경제학 교수는 "중년층
을 위한 대책은 현재 '공백'인 상태"라고 지적하고 있다. 한편
은퇴자들은 "일하고 싶은 은퇴자가 많지만 일할 수 있는 자리
가 없고 정부의 일자리 정책에서도 고령층은 소외돼 있다."면
서 "우리나라 취업 시장에서 50, 60세대는 재취업하기도 어렵
다. 베이비붐 세대는 은퇴하는 인구도 많아 다른 세대뿐 아니
라 같은 세대 내에서도 일자리 경쟁을 벌여야 한다."고 말하고
있다. 특히 코로나 사태 이후 이들의 미래는 캄캄하다. 재취업
률은 더욱 떨어질 것이며, 저성장과 재정지출 증가로 인해 고
령층에 대한 복지비 확대 여지가 줄어들어 정부 지원의 운신
폭이 더욱 좁아질 것으로 예상되기 때문이다.

3)베이이붐 세대의 생존을 위한 사회적 대안

이들은 가파른 경제성장 과정에 주역으로 참여한 세대로 도시
가 가져다준 고비용 생활구조, 군중 속의 고독, 현역에서 은퇴
한 상실감 등으로 점점 마음의 병을 얻어가고 있으며, 또한 많
이 벌어서 많이 쓰는 현역 시절의 소비 패턴을 버리지 못하고
있다. 이에 따라 적게 벌고 적게 쓰는 새로운 형태의 소비 패

턴, 벌이가 많지 않아도 행복하게 살아갈 수 있는 도시 피난처 마을로의 전환 및 적절한 수익 활동으로 일거리와 경제적 자립 체계를 가능케 하는 사회적 대안이 절실히 필요하게 되었다.

이러한 시니어의 현실적인 상황을 충분히 고려하여 향기촌은 기획단계에서부터 시장경제의 주 무대인 도시를 벗어나서 대안적 신뢰 관계의 마을공동체를 구축하고 발전시켜 나가자는 취지에서 사회적 경제 및 공유경제 개념을 도입하고자 하였다.

4)사회적 경제 및 공유경제

사회적 경제는 2000년대 후반 미국발 경제위기와 세계적인 금융자본주의의 한계가 지적되면서 '글로벌 대안 경제 체제'에 대한 모색 과정 중에 급속히 부각 되었다. 한편 공유경제는 에어비앤비(airbnb)에서 확인할 수 있듯이 소유가 아닌 나눠 쓰는 아이디어와 아울러 스토리까지 공유함으로써 가치를 창출하는 새로운 형태의 경제 개념을 의미한다. 공유경제가 관심을 끈 가장 큰 이유는 자신이 쓰지 않는 물건이나 자산 등을 다른 사람과 공유하는 이른바 협력적 소비라는 새로운 형태의 소비 방식을 만들어 냈기 때문이었다.

공유경제를 포함한 사회적 경제 활성화는 지역사회에도 상당한 긍정적 영향을 미친다. 즉, 지역혁신을 기대할 수 있으며, 지역사회의 민간 주도성을 회복하고 민간 부문의 역량과 기반을 강화시킨다. 뿐만 아니라 지역경제의 공공성을 확보할 수 있게 하고 지역사회의 지속가능성을 제고한다.

　　지역사회에 활용 가능한 사회적 경제 체계의 주요 형태로는 사회적 기업, 마을기업, 협동조합, 농어촌공동체 회사, 자활기업 등을 들 수 있을 것이다. 상기한 바와 같이 사회적 경제, 공유경제 등의 이론적 배경 및 사색의향기 회원들을 바탕으로 한 인적 네트워크를 기반으로 우리 시니어들의 문제를 해결하기 위해 도농 공생 농촌 르네상스 운동을 기획하게 된 것이다.

향기촌 사업
목표 및 원칙

향기촌 사업 목표

도농 상생마을 성공 모델 만들기

사색의향기는 2023년 10월 기준, 국내외 252개 지부를 운영하고 있다. 이중 국내 지부는 기초자치단체별로 골고루 분포되어 도시의 니즈와 농촌의 니즈가 만나서 새로운 형태의 커뮤니티와 문화를 만들어내면서 도시와 농촌의 융복합 문화 모델로 재탄생하고 있다.

　　한국의 경우, 1960년대부터 급속히 진행된 경제개발로 인해 산업 간 격차가 크게 벌어져 농촌과 농업은 후순위로

밀려났다. 이는 도시에 의해 농촌이 희생(trickle up)당하는 도농단절 현상으로 이어졌다. 그러나 도시발전의 역사가 우리에게 가르쳐 준 교훈은 "배후의 농촌이 공동화되거나 파탄 나면 도시도 함께 붕괴한다."는 것이다.

현재 대한민국의 식량자급률은 48.9%, 곡물자급률은 23.4%에 머물고 있다. 이는 전체 식량 에너지 자급률이든 곡물자급률이든 간에 주요 선진국들은 60% 이상을 유지하고 있는데 비해 현저히 낮은 수치이다. 온난화에 의한 기상이변과 사막화, 미국의 바이오 연료 정책, 여기에 중국의 곡물 수입 증가 등으로 인해 전 세계적으로 식량부족 사태에 대한 불안감이 계속되던 2019년 상황에 이어 2020년 초 발발한 코로나 사태는, 식량정책에 대해 경종을 울리고 있다. 코로나 사태 이후 각국에서 고조되는 산업의 내수기반 확대의 기조는 국제 곡물 가격 불안을 넘어 장차 식량 수출을 제한하고 재고를 확보하는 식량 안보정책이 고조될 것으로 우려되고 있다. 이러한 식량 사정에 대한 국제상황의 급격한 악화는 식량자급률 향상을 위한 특단의 정부차원의 대책을 요구하고 있다.

코로나 사태와 식량위기 고조

게다가 지금 농촌의 구성원은 거의 대부분이 노인 계층이다. 10년 정도 지나 이분들이 세상을 떠나거나 더이상 노동력을 제공할 수 없게 되면, 농촌의 공동화 현상이 가속화될 것은 명약관화하다. 이와 같은 상황이 앞으로도 지속된다면 도시와 농촌은 상호 보완적 관계를 상실할 뿐만 아니라 서로 간에 상생 관계를 만들 수 있는 기회 또한 영원히 상실할 수도 있다. 그러므로 농촌의 공동화를 막는 동시에 활력 있는 농촌을 만드는 가장 좋은 방법 중의 하나는 집단 귀촌을 통한 도농 상생 마을을 만드는 것이다.

한편, 코로나 이후 악화된 경제 환경에서 쏟아져 나오는 실업자와 은퇴자들이 갈 곳은 대도시에는 거의 없다. 대도시가 유휴인력을 흡수할 만한 고용확대 능력이 제한되어 있기 때문이다. 코로나 사태가 전 세계로 확산되자 정부에서 한국형 뉴딜을 표방하며 유휴인력을 빅데이터 라벨링에 투입하겠다는 구상을 밝히고 있다. 하지만 이런 공공일자리는 양적으로나 질적으로나 유의미한 대안이 되기에는 제한적일 수밖에 없다. 이런 구상이 대규모 실업자와 은퇴자를 수용하는 대안이 되기엔 너무 미흡하다.

실업자, 은퇴자와 함께 스마트 농업혁명을

식량 위기와 맞물려 실업자와 은퇴자를 대거 수용하는 산업적 대안으로 농어촌 스마트화를 적극 검토해야 한다. 농어촌은 대도시에 비해 아직도 생활비가 적게 들고 도시에 비해 땅값이 많이 싸고 주거비가 적게 든다. 이미 산업이 셧다운 된 공단 주변의 농어촌으로 인구가 유입되고 있다. 마침 동남아 인력이 코로나 때문에 귀국해버린 뒤라 일손이 부족한 농촌이 일손을 필요로 하고 있기 때문이다. 농어촌이 유휴인력을 수입함과 동시에 스마트 농수산업을 육성한다면 식량자급률도 높이고 일본 중국 등 해외에 농수산물, 가공품 등을 수출할 수 있는 길이 열릴 가능성이 높다. 농사일에 정서적으로 익숙한 중노년층을 흡수할 수 있는 고용능력이 증가된다. 스마트 농수산업 혁신을 절실히 검토해 볼 필요가 있다.

따라서 이러한 상황을 종합적으로 분석한 다음, 이에 따른 장단기 계획을 수립하고 실행하기 위해서는, 향기촌 운영 주체인 운영위원회와 향기촌 관리 주체인 사색의향기 문화원의 협력과 역할이 그 무엇보다 중요하다.

도농 상생 마을은 도농단절을 도농 교류로 바꾸고 컨트리 노마드[4](Country Nomad)와 귀농귀촌을 활성화시켜 지역경제를 되살리는 선순환 사이클을 만들어낸다.

이 선순환 사이클이 지역경제를 돌리는 원동력을 제공하는 가운데 지속가능한 새로운 일자리까지 계속적으로 창출하게 되는 것이다. 향기촌은 도농 상생 마을의 대표적인 성공 모델로, 나아가 코로나 사태 이후 민간

[4] '노마드'는 유목민이라는 뜻으로 쓰이는 철학 및 사회문화 용어. '노블레스 노마드(noblesse nomad)'란 명품과 골동품 등 겉치레 문화를 거부하고 여행, 레저, 공연 관람 등 무형의 경험을 수집하는 사람들을 말함. '컨트리 노마드'란 도시와 농촌을 넘나들며 사는 사람을 뜻함.

주도의 사회안전망이자 신산업기지로 가는 의미가 있는 사업
이다.

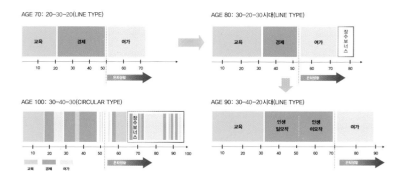

지속가능한 녹색 일자리 창출

현시점은 디지털 혁명으로 불리는 제3차 산업혁명을 뒤로하고
로봇공학, 인공지능, 나노기술, 양자 컴퓨팅, 생명공학, IoT,
3D 인쇄 등 다양한 분야에서 새로운 기술 혁신이 나타나고 있
는 제4차 산업혁명의 시대이다. 제4차 산업혁명은 연결, 탈중
앙화/분권, 공유/개방을 통한 맞춤시대의 지능화 세계를 지향
하면서 수십억 명의 사람들을 계속해서 웹에 연결하고 비즈
니스 및 조직의 효율성을 획기적으로 향상시키며 더 나은 자
산 관리를 통해 자연환경을 재생산할 수 있는 커다란 잠재력
을 가지고 있다.

제4차 산업혁명의 시대에는 기존의 일자리에 많은 변
화가 일어날 것이다. 향기촌은 제4차 산업혁명의 트렌드에 발

맞춰 인공지능 컴퓨터와 로봇과는 굳이 경쟁하기보다는 이런 기술을 활용하여 지속가능한 녹색 일자리를 창출하고자 한다. 녹색 일자리에는 공정 무역가, 도시 농업인, 그린 디자이너, 신재생 에너지 연구원, 생태 건축가, 재활용품 경영자 등을 포함할 수 있다. 이들 일자리는 생애주기별로 볼 때, 인생 2모작 또는 3모작에 걸맞는 지속가능하고 즐거운 인생을 만드는 1차적 목표 대상이다.

도농 상생 농촌 르네상스 운동

최근 들어 귀농귀촌 인구가 꾸준히 증가하고 있지만 농촌은 여전히 정체 상태를 벗어나지 못하고 있다. 정체 상태가 오래 지속되면서 농촌 사회가 붕괴될 조짐까지 보이고 있는 것이 오늘의 현실이다. 과거에 농촌은 산업의 한 축을 담당하며 국가의 성장을 뒷바라지해 왔지만, 산업사회의 먹이사슬 속에 농촌의 가치는 급감했다. 그 과정에서 도시는 자연과 인간의 기능을 소원하게 다루었고 농촌의 희생을 강요하는 가운데 성장해왔다고 해도 무리는 아니다.

농촌 르네상스는 이러한 상황에서 도시로 인해 빈사 상태에 있는 자연과 인간 기능을 다시 복원해보자는 뜻에서 시작된 것으로 중세 유럽의 르네상스 의미와 일맥상통한다고 할 수 있다. 농촌사회 붕괴 현상을 막고 농촌 르네상스가 되기 위해서는 농촌이 새로운 가치를 창조하는 공간으로 새로이 태어나야 한다. 단순한 농산물 생산 공간으로서가 아니라 안전한 먹을거리를 직접 조달하거나 생물 종의 다양성 확보, 토양보전, 농업 경관유지, 정서함양, 여가 지원 등의 다양한 부가가치를 창출할 수 있다. 한편으로는 도시와는 차별화된 또 다른 문화 공간이나 아이들을 위한 생태교육 현장의 역할을 담당하는 것도 농촌 르네상스의 비전이 될 수 있다.

　이렇듯 농촌 르네상스는 지속가능한 농촌사회 유지라는 큰 틀에서의 운동인 동시에 도시의 문제점을 해결하는 대안으로서의 의미를 갖는 운동이기도 하다. 향기촌은 인근 지역의 우수한 생태자원을 활용하여 농업 어업 분야 등에서 아이들과 도시인들의 생태체험 교육 프로그램을 개발하고, 지역사회에 스며있는 독립운동의 역사적 발자취를 발굴하여 민족 정서를 고양하며, 나아가 어린이들이 산과 바다에서 뛰놀며 자연과 호흡하는 자연현장교육장도 제공할 수 있다. 이를 통해 아이들에게 건강한 정서를 고취하고 자연 친화적인 인생의 미래를 꿈꾸는데 동기를 부여하는 등의 문화적 역할을 담당하고자 한다.

향기촌 사업 원칙

1) 지적 자산과 경험 존중

평생을 사회적으로 인정받았던 삶을 살았던 분들도 그 지적 자산 혹은 경험 자산을 너무 쉽게 잊거나 활용기회를 상실하는 경우가 많다. 그들의 경험과 지식은 개인적으로도 소중한 것이고, 사회적으로도 사용가치가 충분한 것이다. 향기촌에선 각자가 가지고 있는 전문지식과 경험을 존중하고 계승, 발전하게 하며 협력할 수 있는 회원들과의 협업을 통해 지역사회에 공헌할 수 있는 기회를 충분히 제공받는다.

2) 소유보다는 관계를 중시하는 공동체

향기촌에선 불요불급한 물자는 기부를 받아 공동재산화한다. 집과 물건들이 여생의 짐이 되어서는 안 된다. 그래서 퇴임 후에는 사적 재산 창고를 최대한 비우는 것이 좋다. 집도 주택단지에서 공동으로 관리하고 협업하여 유지 관리한다. 자동차도 기준을 세워 개인용 공용재산 두 가지 방식으로 효율적으로 관리하며 농기구 혹은 공동으로 사용하는 공구 등을 과감히 공동재산화해서 공동 관리하는 것을 권장한다. 마을 창고, 즉 공동창고는 존재하지만 개인 창고는 아주 단출하게 만들 것이다. 이와 같은 공유행위는 후반기 삶에서 사유가 주는

부담에서 자유롭게 만들어주며, 돈이 없거나 부족해도 충분히 생존할 수 있는 기반을 상호 제공해주는 것이다

3) 문화적 다양성으로 만족을 높인다.

은퇴한 50대 젊은 시니어를 만나보면 사회초년생으로 아무것도 못 한다는 생각이 들 정도로 여가를 즐길 줄 모른다. 그래서 혼자 방에서 있거나 TV와 친해지는 경우가 다반사이다. 사색의향기의 정체성인 행복한 문화나눔을 적용하면 된다. 이런 문화 활동 등을 지역사회와 공유함으로써 만족도를 배가시키고, 문화센터 등에서 적극적으로 활동하며 지역사회에도 공헌하도록 한다.

4) 소박한 삶을 전제로 한 경제적 자립체계 구축

사유를 최소화하고 공유를 최대화한 마을에서는 굶는다는 것은 생각하기 어려운 일이다. 소통과 호혜의 정으로 서로 아픔을 나누고 의지처가 되어주기 때문이다. 사색의향기가 가지고 있는 도시기반(회원)은 향기촌에게 유용하고 신뢰할 수 있는 소비처(컨피슈머[5])를 제공할 것이다. 상호 강한 신뢰의 끈이 형성되어 있기 때문이며 향기촌 사업이 도시의 회원들에게도 미래의 자신의 삶이 될 수 있기 때문이다.

5
행복한 문화소비자. 사색의향기만의 소비 형태로 의미가 있다면 더 비싸게 구입하는 소비자이며 공정거래를 중시하는 소비 그룹.

5) 안전한 먹을거리 자급자족 및 가족 친화 정책사업 추진

마을공동체와 마을 구성원의 가족이 함께하는 신뢰 경제 시스템은 자급자족에 가장 중요한 사업 바탕을 제공한다.

마을 구성원이 함께 점심을 하려고 시작한 식당이 수백 명씩 그 밥을 먹으려고 줄 서는 사업이 되었는데 그 내막을 살펴보면, 구성원과 가족이 맛집을 위해 마을기업, 마을 협동조합을 함께 만들었고 이는 마을 구성원들 간의 협력을 기반으로 마을공동체 사업으로 발전한 것이었다. 이런 식으로 안전한 먹을거리를 매개로 한 가족들의 비즈니스 모델은 이미 개발된 것도 많고 개발할 것도 충분히 많다.

6) 순환을 통한 지속가능한 삶의 가치 추구

현대 사회의 지속가능한 삶의 위기는 순환의 부재에서 비롯되었다고 할 수 있다. 사회적으로는 돈이 물 흐르듯이 돌아야 하는데 어느 한 부분에 막혀 정체되거나, 생산 노동인구가 유지되지 못할 정도로 출산율이 낮아져서 노년층 인구가 많아지는 고령화 문제를 그 예로 들 수 있다. 지나친 자원 낭비와 오염물질 배출로 인해 미래 세대의 지구 환경이 망가지는 것 또한 순환을 염두에 두지 않는 정책이 그 원인이다.

이처럼 순환의 부재는 커뮤니티뿐만 아니라 커뮤니티에 속해 있는 구성원들의 지속가능한 삶을 종종 위험에 빠트린다. 순환의 부재는 많은 경우 단기적 이윤추구를 앞세우는 개인 소유 사상에 의해 만들어진 각종 사회 제도들이 순환의 흐름을 가로막고 자본과 자원을 상대적으로 많이 소유하게끔 유인한 데서 기인한다. 순환의 부재를 해소할 수 있는 방법은 구성원들이 후손까지 걱정하고 공동체적인 삶을 소중히 하는 공유정신을 공유하는 것을 통해서 가능하다.

이와 같이 향기촌은 사유와 공유의 공존, 개인과 공동체의 조화, 가족과의 협력, 도농 간의 상생, 지역사회와의 공감대와 공헌 등 관계를 중심으로 하는 마을공동체를 추구한다.

향기촌 사업추진
경과와 이후 계획

사색의향기는 2004년 설립 당시 그 목적사업의 하나로 "12) 행복하고 테마가 있는 귀촌마을 설립 및 운영 사업"을 설정하고 지속적으로 사업 준비를 해왔다. 이를 위해 2004년에서 2011년까지는 지역 기반으로서의 지부 설립, 시니어를 위한 인문학 행사 등을 통하여 웰 에이징(well aging)과 웰 다잉(well dying) 개념을 공유하여 왔으며, 한편으로는 공동체 교육(100세 시대 대안 포럼)을 통하여 귀촌에 대해 학습하며 간접적인 경험을 축적하였다. 그러다 2012년에 들어 사업 기획 및 사색의향기 대의원들과의 공유를 통해 본격적으로 사업추진을 시작하게 되었다.

2012년 귀촌 행복마을 추진위원회(책임자 이영준)를 결성하고 수차례의 기획회의와 운영회의를 거쳐 사업계획을 입안하였고, 2013년 '사색의향기 문화원' 이사회에서 해당 사업계획을 최종 승인하여 사업을 시작하게 되었다.

2013년 향기촌 협동조합을 설립하여 사업을 본격적으로 추진하기 시작하였고 100세 시대 대안포럼에서 향기촌을 공식적으로 알리기 시작하였다. 이후 향기촌 부지를 확보하기 위해 충청 지역을 대상으로 20만 평 이상이 되는 부지 후보지들을 적극적으로 탐방하였다.

그 결과 2016년 충남 홍성군에 소재한 부지를 1차 대상으로 선정하고 부지 매입을 위한 협상을 시작하여 2017년 부동산 자문사의 중개로 향기촌 부지 매입 절차를 본격적으로 진행하게 되었고, 수차례의 협상 끝에 매입하였다. 사색의향기 대의원들과 함께 귀촌마을 부지를 공동구매[6] 하는 방식이었는데 이는 대한민국 최초의 사례라고 볼 수 있다.

　　사색의향기 활동을 통해 신뢰를 축적한 회원들이 있었기에 공동구매하는 방식이 가능했다. 신뢰와 방향성 공유가 있었기에 토지의 공동구매방식이 한국에서 최초로 성사되게 되었다. 하지만 2018년 10월 일부 주민들이 신뢰에 대한 문제를 제기하면서 공동체의 기본 정신보다 개인의 이익을 주장하고 공동체에 대한 다양한 불만을 제기하였다. 공동의 이익보다는 개인적 이익을 배타적으로 도모해보려는 일부 회원들과의 갈등으로 사업 진행이 수개월 간 주춤하였으나 이를 수습하는 과정에서 향기촌의 본 100년 기획과 공동체성은 더욱 공고해졌다. 이런 불협화음은 회원들과 리더들이 다시 한번 서로 간의 신뢰를 다지고 확인하는 계기가 되었다. 문제의 원인을 찾고 갈등을 해소하는 과정에서 오히려 사업계획은 구체화 되었고 사업추진에 힘을 모으는 계기가 되었던 것이다.

　　이전에 전례가 없었던 새로운 사업방식이었기 때문에 어쩌면 초기에 갈등이 일어나는 건 당연한 것이었다. 문제는 갈등을 해결하는 방식이다. 모든 것을 투명하게 공개하고 초심으로 돌아가서 사업의 정신을 재확인하며 서

6
공동체가 우선인 계약을 하고 참여하는 공동구매이며 팔 때는 향기촌에 되팔아야 한다는 조건의 계약. 특히 토지 등기를 하지 않고 공동으로 소유한다는 것은 신뢰를 바탕으로 하지 않고는 불가능한 일이다.

로를 존중하는 태도로 문제를 해결해 나간다면 오히려 일 추진의 동력을 얻게 되는 것이다. 향기촌은 서로 간에 지켜야 할 공동체 정신은 무엇인지를 재확인하고, 개인의 이익만을 지나치게 주장하는 것은 향기촌 정신에 어긋난다는 걸 배우는 반면교사(反面教師)의 교훈을 얻게 되었으며 리더들과 회원들의 결속은 오히려 전보다 더 강화되었다.

그 이후 현재에 이르기까지 많은 고민과 정보수집, 논의과정이 있었다. 2023년 현재까지 100여 회의 향기촌 운영위원회 개최를 통하여 향기촌 공동체성 확보를 위하여 지속적으로 노력하는 한편, 다른 단체와의 협력체계도 구축하고 농산촌 유학연구소를 설립하는 등 향기촌과 더불어 성장하고 발전할 지적, 조직적 인프라를 확대해왔다.

2020년부터 향기촌 건설의 시발점이 될 주택이 본격적으로 건설되기 시작했다. 향기촌 건축은 주민들의 이주 시기와 주민 각자의 경제적 사정의 상이함으로 인해 점진적으로 단계적으로 진행되며 향후 10년 동안 개별 건축 혹은 마을 만들기 사업 등 다양한 방법으로 추진될 예정이다. 기존에 주거 단지 등으로 확정된 부지를 제외한 부지의 건축물은 향기촌 주민들의 다양한 의견과 요구사항을 최대한 반영하여 구체화할 계획이다.

이 과정에서 전원이 합의되지 않는 일은 하지 않는다. 방향이 옳다면 속도는 그리 중요하지 않다. 모든 주민이 합의하는 과정을 충분히 가질 것이다. 이유는 간단하다. 공동체가 우선이기 때문이다. 합의가 안 되는 사안은 전문가의 자문도 받고 충분한 토론을 거쳐 확정해나갈 것이다.

향기촌은 운영위원회 규정을 근간으로 운영될 것이다. 명문화된 것은 최소화하고 가능하면 합의를 이루어내어 진행하는 걸 원칙으로 한다. 따라서 매번 사안이 생길 때마다 규정을 만들자고 주장하는 주민들도 있지만 향기촌은 가능하면 성문법보다는 불문법을 중요시하며 주민의 정서와 가치관을 모아나가는 과정을 중시하고 있다.

한편 일부 주민들이 "터무니없는 모욕과 근거 없는 비난을 집행부가 견딘 힘이 어디서 유래하느냐?"고 질문하면, "

향기촌 집행부가 잘 대응해준 배경에는, 시대적으로 반드시 성공해야만 하는 굳건한 사명감이 있으며, 회원들의 축적된 신뢰에 대한 확신이 있기에 흔들리지 않는 대처가 가능했다." 하고 답변한 바 있다. 『향기촌 100년 기획서』의 발간도 회원들의 가치와 목표의식을 통합시키며 더욱 풍부한 고민의 계기가 되기를 바라는 그 연장선 위에 있는 것이다.

Chapter **2**

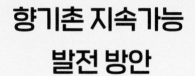

향기촌 지속가능
발전 방안

향기촌 철학과 정신
(Philosophy/Spirits)

향기촌은 후반기 인생을 행복하게 살고자 하는 이들이 사회적 가족관계를 만들고 가꿔 나가는 마을공동체[7]이다.

공동체는 사람들이 모여 하나의 유기체적 조직을 이루고 목표나 삶을 공유하면서 공존할 때의 조직을 일컫는다. 공동체가 잘 운영되려면 공동체의식(共同體意識)의 통일성이 높아야 한다. 공동체 의식이란 자신이 공동 사회의 한 구성원이라는 소속감이다. 소속감이 높아야 개인이 공동체에 기여하기 위하여 자발적으로 노력하려고 할 것이기 때문에, 각 구성원의

[7] 공동체라 함은 혈연이나 지연 또는 이해 관계나 목적을 바탕으로 이루어진 기본적 사회집단을 말하는 것으로 공동사회라고도 하며, 씨족이나 친족집단과 같은 혈연 씨족공동체, 마을이나 이웃 집단과 같은 지연 촌락공동체, 예배결사나 동지적 결합 또는 친구집단과 같은 정신적 결사공동체 등을 포함하는 개념이다.

공동체의식은 한 공동체를 구성하는데 핵심적인 역할을 한다. 공동체의식의 기반이 되는 것은 어떤 것을 공동으로 소유, 관리, 이용하고 있다는 물적 기반에 대한 공유적 가치관과 나의 행복을 위해 이 모임이 절실히 필요하다고 하는 공동체와의 일체감이 중요하다. 단순한 감정적 결속보다는 물적 기반에 대한 운영원리에 대한 공감, 공개적이고 투명한 운영, 그리고 질적으로 더 강하고 깊은 관계가 나에게 행복을 가져다준다는 확신 등이 결합되는 것이 중요하다.

이와 같은 조건이 갖춰졌을 때, 상호신뢰, 상호의무감이 형성되며 공동체에 대한 애정과 참여로 이어지는 것이다.

공동체란 개인의 자유를 중시하는 전통적 자유주의와 조직과 국가를 위한 개인의 책임을 강조하는 보수주의의 장점을 통합한 개념이다. 그러므로 공동체에서는 개인의 사적 소유와 공유적 운영이라는 두 개의 원리가 통합되어야 하며 자발적 의무와 공헌, 책임이 조화를 이루어야 한다.

마을공동체 향기촌은 그 지리적 위치가 한국이고, 이곳에서 삶을 향유해 나가는 이들 역시 현재까지는 모두 한국인이다. 따라서 향기촌의 근저에는 한국적 공동체의 고유한 철학과 정신을 근간으로 한다. 향기촌은 한국적 공동체주의의 원형을 드러내어 그를 발양하고 구체화시키는 방식으로 향기촌의 철학과 정신을 체계화했다.

향기촌은 생명을 존중하는 '생본(生本)'과 사람을 존중하는 '인본(人本)'을 바탕으로 향기촌 주민을 포함한 모든 생명체들이 더불어 조화롭게 살아가는 '접화군생(接化群生)'의 도(道)를 실천하는 삶을 지향할 것이다.

먼저 '생본(生本)'에 대해서 이야기하고자 한다.

동양에선 일찍이 수천 년 전부터 천, 지, 인 삼위일체 사상이 형성되어 왔다. 하늘이 땅을 낳고 하늘과 땅이 사람을 낳는다는 삼위일체 사상은 근본적으로 자연 중시 사상의 본질을 갖는다. 한민족 전통사상의 원류 중 하나로 여겨지는 천부경(天符經)은 불과 81자로 이루어져 있지만 사람은 하늘에서 유래하였으며 하늘과 땅과 인간은 하나라는 심오한 사상이 들어 있다. 또 고대국가가 수립될 때부터 유교, 불교, 도교의 영향을 받아 우주 자연과 인간은 하나라는 사상이 계승되어왔다. 통일신라 말기의 위대한 천재이자 대학자인 최치원 선생은 우리 고유사상의 실체를 인정하였고, 그것을 생명존중 사상과 연결시켜 이를 깊이 연구하였다.[8] 선생은 동양철학에서 동(東)이라는 의미와 우리의 민족정신과의 연관성을 주목했다. 동(東)은 방위상 태양이 뜨는 동쪽이며 태양의 에너지를 받아 하늘로 치는 목(木)을 상징한다. 색으로는 초록이고 동물로는 청룡이며 계절로는 봄이다.

8
『고대 생명 사상 원류와 생성 -최치원을 다시 읽는다, 최영성(崔英成)』

최치원 선생은 우리 민족을 동인(東人)이라 칭했고 우리나라를 동국(東國)이나 해동(海東)으로 칭했다. 모든 생명이 싹트고 약동하는 동쪽 나라라는 뜻이다.

최치원 선생은 동방을 만물이 처음으로 피어나는 방위라는 의미에서 '동방(動方)'이라 하였다. 그리고 동방은 '인방(仁方)'이며 계절로 치면 봄(春)에 해당한다고 하였다. 동방은 항상 생명체를 생겨나게 하는, 춘의(春意)가 발동하는 생명의 방위이기 때문이다. 즉, 우리 동인은 애초부터 어진 마음과 뭇 생명체를 살리기를 좋아하는 '호생지덕(好生之德)'이 갖추어져 있다는 것이다. 선생은 동방은 '인(仁)'에 배합되므로 우리나라 사람들의 성품은 어질고 유순할 수밖에 없으며, 이는 지기(地氣)가 그렇게 시킨다고 하였다. 선생의 이른바 '지지사연(地之使然)'이라는 말이 바로 그것이다. 또한 동방은 생명의 방위로서 만물이 뿌리를 박고 자라나는 방위이며, 동인은 만물을 살리기를 좋아하는 천성을 지니고 있어, 도리를 가지고 교화하는 것이 쉽다고 하였다.

선생은 우리 고유사상의 근원적이고 핵심적인 화두를 '생(生)'과 '화(化)'의 문제라고 정의했다. 이는 선생이 우리 민족정신의 본류에 생명과 변화가 있다고 본 것이다. 선생은 "생기고 변화하며 생기고 변화하는 것이 동방[震]을 터전으로 한다."고 하면서, '생화생화(生化生化)'라는 말을 하였다. '생화'란 '생성과 변화' 또는 '생육(生育)과 화성(化成)'이라는 말로 이해할 수 있다. 생성은 변화를 위한 생성이고 변화는 새로운 생성을 위한 모태(母胎)가 된다. 이것은 마치 아이가 태어나 어른이 되고 어른이 되어 2세를 낳는 이치와 같다. 또 이것은 우주 만물의 생(生)·장(長)·성(成)·수(遂) 과정이 모두 화(化)인 것과 같다고 할 수 있다. 그러기에 최치원 선생이 강조한 '생화생화'는 생생지리(生生之理)를 말한 것에 다름이 아니다. 이것은 곧 주역 계사상(繫辭上) 제5장에서 말하는 "생생지위역(生生之謂易)"이라든지 계사하 제1장에서 '천지지대덕왈생(天地之大德曰生)'이라 한 것과 그 맥락이 상통한다.

　　최치원 선생은 이처럼 우리 고유사상의 실체를 인정하였고, 그것을 생명존중 사상과 연결시켜 논하였다. 선생은 우리 민족의 위대성을 예찬하는 글을 쓰면서 그 예찬의 근거로 대체로 우리 민족이 생명을 존중하고 평화를 사랑하였으며, 천성이 어질어서 교화시키고 변화시키는 것이 쉽다는 것을 들었다. 선생에게서 '생(生)'과 '화(化)'의 문제는 우리 고유사상의 근원적이고 핵심적인 화두였고 이는 선생의 동방관과 동인의식과 직결되어 있었다. 민족주체성의 표출이기도 한 치치원 선생의 동방관과 동인의식은 생명을 존중하는 우리나라 고대 생명사상을 대표하는 것이라고 할 수 있다.

　　향기촌은 '생본(生本)'을 바탕으로 향기촌이 위치한 자연과 그 속에서 살아 숨 쉬는 다양한 생명체들과 더불어 행복할 수 있는 길을 추구할 것이다.

다음은 '인본(人本)'에 관해 말씀드리고자 한다.

사람 중심의 '인본주의[9]'는 흔히 서양 철학사에서 얘기하는 휴머니즘(Humanism)이라는 용어로 지칭해 온 일련의 지적 실천적 흐름으로 얘기된다. 휴머니즘은 14세기 말 이탈리아에서 시작되어 유럽 근대문명의 동인이 된 르네상스 운동의 기본사상을 지칭하는 의미에서 제한적으로 사용되어왔다. 하지만, 인간의 가치와 존엄성을 중시하고 이를 모든 것의 척도로 간주하는 사조 일반을 지칭하는 말로도 통용되고 있다.

인본주의는 인간이 억압되거나 주변화 수단화되는 데 반대하여 인간의 우선성과 중심성을 주장하는 사상이라는 데에 핵심이 있다. 하지만 인간을 구속하는 요인이 상황마다 다르므로 이를 극복하고자 하는 대상이나 관심사도 달리 설정되기 마련이다. 또한 인간의 본성에 대한 이해나 인간과 신 자연사회 등 주변 존재들과의 관계설정이 상황에 따라 다를 수 있다.

향기촌은 앞서 설명한 바와 같이 한국 땅에서 한국인들이 삶을 영위하는 마

9
"인간은 만물의 척도"(프로타고라스)라는 명제를 추종하는 인간중심적 실용주의(Pragmatism)나, 궁극적 진리나 초월적 실재로 나아갈 수 있는 인간능력을 확신하는 인격주의(Personalism, Spiritualism), 인간의 주체성을 강조하는 실존주의(Existentialism), 자본주의 하에서의 인간소외에 반대하는 공산주의(Communism) 등의 사조 또한 포함됨.

을 공동체이다. 따라서 향기촌의 '인본(人本)'에 관한 뿌리는 우리 민족적 건국이념인 '홍익인간'에서 잘 알 수 있다. 홍익인간이라는 말은 『삼국유사』 고조선조와 『제왕운기』 전조선기에서 고조선의 건국과정을 전하는 내용 속에 나온다. 삼국유사에 보면 "환인(桓因)의 아들 중에 환웅(桓雄)이 있었는데, 자주 천하에 뜻을 두어 인간세상을 탐냈다. 아버지 환인이 아들의 뜻을 알고 삼위태백을 내려다보니 홍익인간할 만 하거늘, 천부인 세 개를 주어 내려가 다스리게 하였다."고 나온다. 홍익인간의 말뜻은 "인간을 크게 도우라"라는 뜻이다. 홍익인간이 추구하는 가치에 대해서는 인본주의나 인간존중·복지·사랑·봉사·정의·민주주의·공동체정신·평화 등과 같은 여러 가지로 설명되고 있다.

　　그 핵심적인 세 가지는 (1) 국가와 권력·돈·시장·학술·종교·교육과 과학기술 등 모든 문명장치는 인간을 위해(인간의 행복을 위해) 봉사해야 한다고 보는 인본주의적 사상과, (2) 인간을 위해 봉사하는 삶을 위대한 것으로 보는 이타주의적 윤리관, 그리고 (3) 내세의 행복이 아닌 현세의 복지를 우선시하는 현세주의적 사고 등이라 할 수 있다. 홍익인간은 인간행복을 위협하는 모든 상황에 대해 반대하며, 특히 국가와 권력(통치자)은 홍익인간을 위해 존재한다고 본다. 그리고 개개인들에게는 공동체와 이웃을 위해 대가 없이 봉사하는 적극적 윤리를 제시한다.

　　그중에서 '홍익인간' 사상의 핵심적 지향은 두말할 것도 없이 '인본주의'로 요약된다. 인본주의는 인간을 다른 어떤 가치나 존재보다 우선적이고 존엄한 존재로 생각하는 관점이자, 인간에 대한 사랑과 봉사를 촉구하는 이타적 윤리관의 관점을 가지고 있다. 이는 서양 철학사의 휴머니즘, 시민혁명기의 천부인권론이나 인권선언과도 동일한 개념이라고 할 수 있다.

　　홍익인간의 인본주의는 '위민성(爲民性)과 민본성(民本性)'을 강조하는데 국가와 권력에 대하여 그것이 인간을 위한 것인지를 묻고 또한 통치자에게 '인간'을 위하여 봉사해야 한다고 가르치는 것이다.

　　향기촌은 주민 모두의 행복을 위해 만들어진 것이다. 그리고 운영에 있어서도 주민이 중심이 된 주민자치를 지향한다. '인본'이 추구하는 행복은 먹고, 살고, 병 고치는 등의 민생 문제와 마을공동체의 질서와 평화를 유지하는 데에 그치지 않고, 공동체의 도덕적 통합으로 이어져 주민 모두가 더불어 살아가는 가운데 진정한 행복을 나누는 삶을 의미한다.

세 번째는 화합과 평화의 정신을 중시한다.

산해경(山海經)은 중국 선진(先秦)시대에 저술되었다고 추정되는 대표적인 신화집 및 지리서이다. 이 책에는 고조선을 지칭하는 내용이 나온다. "군자의 나라가 북쪽에 있는데 의복을 갖추고 관을 썼으며 칼을 차고 다닌다. 육식을 하며 큰 호랑이 두 마리를 곁에서 호위케 한다, 그 나라 사람들은 양보하기를 좋아하고 다투지 않는다(호양부쟁,互讓不爭). 이에 대해여 이광수는 호양부쟁(互讓不爭)을 인(仁)으로 풀면서, 이를 '관대·박애·예의·청렴·자존'으로 해석했다. 향기촌은 서로 대립하고 대결하기보다는 서로 양보하고 화합하는 화합과 평화의 정신을 마을의 기본 정신으로 삼는다.

네 번째는 향기촌은 궁극적으로 접화군생(接化群生)의 삶을 지향한다.

향기촌은 '생본(生本)'과 '인본(人本)'을 바탕으로 한 '접화군생(接化群生)'을 궁극적으로 지향한다.

고조선은 크게 홍익인간(弘益人間 : 인류 전체가 서로 도우면서 행복하게 사는 것을 지향함), 재세이화(在世理化 : 인간사회 차원에서 이치에 맞게 살 수 있도록 함), 성통광명(性通光明 : 인간 개인 차원의 깨달음을 통한 구원을 지향함), 이도여치(以道與治 : 도를 통하여 세상을 다스릴 수 있도록 사상적인 측면에서의 체계화가 필요하다는 것을 의미함) 등 네 가지 이념을 통해 나라를 다스리려 했다.

접화군생(接化群生)의 '화'는 분명 '교화'라 할 수 있다. 그러나 '화'에는 '교화', '감화', '덕화', '변화' 등 여러 가지 의미가 있다. 고조선의 이념인 '재세이화(在世理化)'가 '세상에서 변화를 섭리(攝理)한다'는 말이니 이때의 '화'는 '변화'라는 의미일 것이다. 참고로 중용에서 말하는 '찬화(贊化)'는 천지자연이 만물을 만들어 자라게 한다는 '천지지화육(天地之化育)'을 가리키는 것이다.

접화군생은 고조선의 이념인 '화'의 전통을 잘 계승한 것이라 할 수 있다. 즉, 고조선의 이념에는 '이화(理化)', '원화위인(願化爲人)', '웅내가화(雄乃假化)'라고 하여 '화'라는 단어가 두드러지게 나타나는데 이것을 '변화의 원리'로 규정한 학자도 있다.

접화군생은 홍익인간(弘益人間)'의 개념을 보다 확장한 한국 고유의 '어짊'의 표현이요, 홍익인간의 도덕적 교화원리보다 그 뜻이 더 넓은 범 생물적인 생생(生生)의 자혜(慈惠)를 의미한다. 초목 군생이나 동물에 까지도 덕화를 베풀어 동락동열(同樂同悅)하도록 하는 것이다. 최치원 선생이 말하는 '화'는 자연의 생성 변화 원리이자 도덕적 교화원리이기도 하다. 주로 감화·덕화·제화(濟化)의 의미로 사용되면서도 때때로 변화의 의미로 사용되기도 한다.

이와 같이 향기촌은 생명을 존중하는 '생본(生本)'과

인본을 뿌리로 하고 평화와 화합을 이루어 일체 자연과 이웃,
지구촌 사람들과 모두 함께 잘 사는 삶, 즉 '접화군생(接化群
生)'의 도(道)를 지향하는 마을공동체라고 정의할 수 있다.

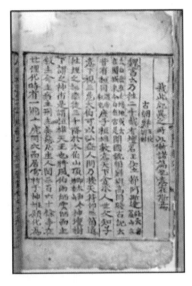

〈접화군생(接化群生)의 출전
'난랑비서문(鸞郎碑序文)'〉

향기촌
Vision & Mission

Vision 선언문

향기촌 창립 총회를 개최하면서 참석자 모두는 다음과 같이 선언하였다.

　　"향기촌은 일정한 부지에 공동체 기반을 마련하고, 10년 후에는 대한민국을 대표하는 명품 마을공동체로 자리매김할 수 있게 하는 사명을 수행하고자 다음과 같은 비전을 선언하고 주민 모두가 이를 공유한다."

Vision

● 향기촌 주민 250가구가 정주한다.

명품 마을 규모를 갖추어야 한다. 따라서 최적화된 공동체 50가구 이하 5개 마을을 만들 것이다.

● 정주 주민에 대한 기본소득을 보장한다.

향기촌 사업은 도시인의 정서를 갖춘 역량과 경륜이 뛰어난 주민들의 협력적 기반을 활용한 사업으로 돈이 없어도 생존이 가능한 마을을 만드는 것이다.

● 사회적 경제 시스템을 구축하고 성공적으로 운영한다.

지역화폐를 기반으로 사회적 경제 시스템을 통한 공유경제 솔루션을 적용할 계획이다. 이렇게 시작된 사업은 사색의향기가 가지고 있는 도시 소비시장을 기반으로 할 것이다.

● 독점적 사업을 보장하는 가운데 협력적 사업을 추진한다.

독점적 사업을 보장하여 비경쟁 체계를 만들어 갈 것이며 이를 통한 마을 사업을 활성화 할 것이다. 예를 들면 유정란 생산사업을 독점적으로 보장하면 향기촌은 이를 통하여 마을 부를 축적하고 고용이 창출되는 효과를 얻을 수 있을 것이다.

● 지속가능한 100년 기획에 의한 공동체 기반을 조성한다.

익숙한 사람들끼리 같은 공간에서 생활하면서 웰에이징과 웰다잉이 가능한 구조로 공동체가 만들어지며 이후 정주하는 주민들도 후반기 삶을 충분히 영위할 수 있는 공동체 기반을 조성할 것이다.

● 다섯 가지를 공유(共有)하는 가운데 다섯 가지가 없는 5無의 삶을 누린다.

Mission

5 공유(共有)

① 共有 가치

개인 가치보다 공유가치를 우선하는 공생 가치.

② 共有 가난

소비와 효율만을 강조하는 시장경제에서 벗어나 최소한의 소비를 하면서도 여유 있는 삶을 즐길 수 있는 자발적 가난을 선택하는 지혜로운 삶.

③ 共有 경제

혼자보다 함께하는 컬피 슈머의 경제를 활성화하고 소비자가 신뢰하는 기반의 사업을 마을 주민이 공유하는 경제 시스템.

④ 共有 자산

정부 정책을 활용한 공유자산은 마을을 부유하게 하며 개인 자산이 충분하지 않아도 생존할 수 있는 구조를 만들어 감.

⑤ 共有 행복

일도 함께하면 놀이가 된다. 시니어가 잘 놀면 주니어가 행복한 마을을 만들 것이다. 농촌유학, 청소년 복지시설 확충은 향기촌의 연고권을 확대시켜 나갈 것이며 현역들의 관심과 참여를 가능하게 하여 모두가 행복을 누릴 수 있는 문화를 만들어 갈 것이다.

5 무(無)

① 혼일(혼자 일하기)

여럿이 일하면 놀이가 된다. 품앗이가 일상인 마을을 만들어 간다.

② 혼밥(혼자 밥 먹기)

마을 부엌에서 한 달에 1~2일 봉사하면 나머지 날들은 준비된 밥을 함께 먹는다.

③ 혼빨(혼자 빨래하기)

마을에 살면서 가장 불편한 일 중 하나는 세탁이다. 도시만큼 잘 만들어진 빨래할 수 있는 공간이 있고 이런 빨래터는 놀이터 기능을 겸할 것이다.

④ 혼부(혼자 부자 되기)

기본소득이 보장된 우리 향기촌은 협력적 가족이 될 것이다. 모범적인 협동조합. 마을기업은 특정인이 부자가 되는 것이 아니라 부자 마을이 되는 것을 목표로 한다.

⑤ 혼탐(혼자 탐하기)

독점적 협력체계가 향기촌의 미래이다. 독점하지만 경쟁하지 않고 함께 할 수밖에 없는 공유경제를 만들 것이다.

향기촌 단계별
발전계획

향기촌은 발전단계를 5단계로 나누어 점진적으로 구체화시켜 나간다. 각각의 발전단계는 기존 계획에 따라 추진하되 시대적 상황이나 정주시설 건립 시 여건에 맞게 탄력적으로 수정되며 보완될 수 있다. 이 경우 수정, 보완의 과정은 마을의 자치적 의결기구의 논의와 공감대 형성, 민주적 결정 과정을 거쳐 이루어진다.

Stage 1 (사회적 가족 만들기)

향기촌은 공용시설 및 세대별 주택 건립이 마무리되는 시점부터 본격적으로 정주를 위한 입주를 시작한다. 또한 마을 진입로, 전기 시설, 에너지 설비, 상하수도 시설 등의 마을 인프라도 함께 구축이 완료된다.

제1단계의 목표는 마을 인프라 구축을 완료하고 정주 세대가 본격적으로 입주하게 되면 정주 세대들이 새로운 사회적 관계망을 맺으면서 사회적 가족이 되는 것이다. 컬피 커뮤니티 센터를 활용하여 정주 세대 간 소통을 하고 이어서 합류할 주민들과도 커뮤니케이션을 하는 가운데 화합을 다지는 관계가 사회적 관계의 시작이 될 것이다.

Stage 2 (이타적 가족 만들기)

2단계는 40세대 이상의 정주를 목표로 한다. 추가 입주 세대에 대한 주택을 추가로 건립하고 기존의 마을 인프라 및 공용 시설을 보완하는 가운데 향기촌이 본격적인 귀촌 생활의 막을 연다.

아울러 정주 주민 간 자연스럽게 관용을 베풀고 서로가 도와줄 수 있는 관계를 구축한다.

주민들의 수익 활동의 근원이 될 마을기업 및 협동조

합 설립을 지원하고 효율적인 운영을 할 수 있도록 향기촌 운영위원회가 이를 적극적으로 지원한다. 또한 다양한 교육 니즈를 발굴하여 그 니즈를 충족시킬 수 있는 교육체계를 구축한다.

Stage 3 (협력적 가족 만들기)

제3단계는 100세대 이상 정주를 하고 마을 협동조합이 활성화되는 단계이다.

향기촌 운영위원회가 중심이 되어 주민들이 수익 활동을 본격적으로 할 수 있도록 적극적으로 지원하게 된다. 도농 복합형 문화사업, 마을 직영사업, 대안 교육 등 제도권에서 할 수 없는 체험 중심의 교육사업, 정부기관과의 협력사업 및 향기촌 자산을 활용한 사업 등을 추진할 수 있도록 전문적인 컨설팅을 포함한 어드바이스를 제공한다. 또한 기존에 구축된 교육체계를 최대한 활용하여 다양한 교육 니즈를 충족시킬 수 있는 교육을 활성화하고 나아가서는 수익에 기여할 수 있도록 운영한다. 이러한 수익 활동은 개별 가족 단위가 아니라 정주 주민 가족들 간의 협력을 통하여 가능하도록 운영될 수 있다.

제3단계는 향기촌이 지향하는 공동체 모습 중 가장 바

람직한 가족이 되는 것이다. 별도의 개인적 자산 없이도 마을에서 공유자산을 함께 사용하며 공존할 수 있게 되어 생존을 전혀 걱정하지 않아도 되는 단계이다. 이를 위한 구체적인 과제별 실행계획을 입안하여 장기적인 전략하에 하나씩 하나씩 실행해 나갈 것이다.

Stage 4 (사회공헌적 가족 만들기)

제4단계는 향기촌이 추구하는 가장 이상적인 목표다.

주민들을 위한 수익활동을 넘어서서 이웃 마을을 포함한 지역사회 및 지역공동체 발전에도 적극 기여할 수 있도록 더욱 성장하고 발전하는 것을 목표로 한다.

지자체 및 지역공동체들과의 협력 프로그램을 개발하고 공동으로 운영하여 그 성과를 통하여 지역사회의 발전에 일익을 담당할 수 있도록 최선을 다할 것이다.

또한 향기촌의 제반사항을 합리적이고 객관적으로 평가하여 그 결과를 향후 만들어질 제2, 제3의 향기촌 구축에 적극적으로 반영할 수 있도록 하고 그 역할을 담당하여 수행할 능력 있는 공동체 운동가를 양성할 것이다.

한마디로 제4단계는 사회에 기여할 수 있는 신뢰 자산

과 공유자산을 구축하는 단계라고 할 수 있다.

Stage 5 (전국, 지구촌의 가족 되기)

한국 내 타 지역에 자연발생적으로 형성된 마을과 원주민과 이주민이 섞여 지내는 마을, 생활공동체가 되기 위해 다양한 모색을 하는 마을, 재생사업을 통하여 공동체를 만들려고 하는 마을 등 다양한 형태의 마을들이 존재한다. 이들 마을들과의 교류를 통해 경험을 공유하고 공동사업을 펼치며 필요한 경우 향기촌의 노하우를 바탕으로 지원을 해줄 수 있다. 또한 제2, 제3의 향기촌의 부지를 물색하여 2단계 구축사업을 모색한다. 이 마을에는

    1) 대한민국의 섬 자원에 주목하여 상당한 자족기능과 관광자원을 갖춘 섬마을이 포함될 수 있다.

    2) 또 비무장지대나 남북 군사분계선에 인접한 통일마을도 만들 수 있다. 이 마을은 평화와 화합을 사랑하는 사색의향기의 정신을 담아, 평화통일을 지향하면서 남북의 문화적 전통을 발굴하고 향후 공존방안을 모색하는 마을이 될 수 있다.

    3) 다문화 시대를 맞아 외국인 농촌일꾼이 많이 분포

한 지역이나 공단지역의 산업일꾼 밀집지역에 다문화 마을을 기획하거나 컨설팅할 수 있다. 이 마을은 국제교류의 중요한 자산이자 거점이 되어 국제친선과 선린우호의 공간이 될 수 있다고 본다.

4) 나아가 향기촌과 교류할만한 해외의 마을을 물색하여 상호 지원도 하고 교류도 하며 저개발국 마을들의 복지를 위해 노력하는 방안도 장기적 과제로 설정한다.

4차 산업혁명 시대와
마을공동체

우리가 살고 있는 현재, 21세기의 키워드는 '제4차 산업혁명'으로 대표될 수 있다.

　　세계경제포럼(World Economy Forum)은 제4차 산업혁명을 "3차 산업혁명을 기반으로 한 디지털과 바이오산업, 물리학 등의 경계를 융합하는 기술혁명"으로 정의한 바 있다.

　　협의의 관점에서 제4차 산업혁명은 ICT 기술 등에 따른 디지털 혁명(제3차 산업혁명)에 기반을 둔 기술융합을 의미하고, 광의의 관점에서는 플랫폼을 활용한 신규 서비스 시장 전체를 의미하며 제조업뿐만 아니라 서비스업을 포함한 전 사업에서의 혁신을 의미한다. 요약하면 '소비-제조-유통-서비스'에 이르는 전 과정을 '인터넷으로 연결시킨 지능형 시스템'으로 전환하는 소비, 제조, 및 서비스 혁명을 의미하는 것이라고 할 수 있다.

제4차 산업혁명을 인간생활의 변화라는 측면에서 정의하면, 온 디맨드(On Demand) 서비스가 가능해지도록 초연결성(Hyper connectivity)과 초지능성(Hyper intelligence)을 기반으로 모든 기술이 활용되는 생활혁명이라고 할 수 있다. 즉, 지금(Now), 여기서(Here), 사람들이 원하는 형태(Only for me)로 제품과 서비스가 즉각 제공될 수 있도록 기술이 개발되고 활용되는 것이 제4차 산업혁명이라고 할 수 있는 것이다.

제4차 산업혁명은 기술 및 산업 간 융합을 통해 산업구조를 변화시키고 새롭고 다양한 스마트 비즈니스 모델을 창출할 것으로 예상된다. 정보통신기술을 기반으로 이전에는 서로 단절되어 있던 분야들 간 융·복합을 통해 경계를 넘어 공진화하면서 다양한 사회·경제 차원의 커다란 혁신적인 변화를 가져올 것이 분명하다.

반면 4차 산업혁명엔 그늘도 있다. 지금 인류는 엄청나게 빠른 속도로 과학기술이 발달하는 제4차산업 혁명기에 들어서 있다. 미래학자들은 앞으로의 10년은 지난 10만 년 동안의 기술적 진보보다 큰 변화를 불러올 것으로 전망하기도 한다. 인간의 문명은 데이터화 되고 그동안 인간이 담당해왔던 판단과 예측은 인공지능이 상당부분 대체하게 되는 초지능사회가 다가오고 있다. 생명공학 분야에서도 과학은 신의 영역으로 접근하고 있다. 인간의 유전자를 해독하고 조작하며 줄기세포 등 첨단기술과 결합하여 맞춤형 인간을 제조할 수 있는 단계에 근접해가고 있다.

이런 급속한 과학기술의 발전은 잘못하면 인공지능과 초고성능 컴퓨터가 인간을 보조하는 도구에서 인간을 지배하는 위치로 탈바꿈할지 모른다는 위기의식을 불러일으키고 있다. 스티븐 호킹이나 일론 머스크, 빌게이츠 같은 과학계의 지성들은 인간의 절제력 없는 욕구가 계속된다면 인간이 인공지능과 초고성능 컴퓨터에게 지구촌 생태계의 최상위적 지위를 내줄 수도 있다는 경고를 쏟아내고 있다.

지난 10만 년 동안 인류 인류문명은 우여곡절을 겪으며 발전하여왔다. 대륙별로 다양한 기후와 자연환경에 맞게 특색있는 문명을 발달시켜오던 인류는 이 과정에서 전쟁과 질병, 기상이변과 혁명 등 역사적 전환점에서 난관들을 겪었다. 그리고 이 변곡점들을 지나면서 인류의 삶은, 한편으론 물질적으로 윤택해지고 인구도 크게 증가했으며 산업도 발전했다. 하지만 다른 한편으로는 문화적 다양성이 파괴되고 자연이 훼손되었으며 자원의 남획과 남용으로 거주환경이 악화되는가

하면 문화적 다양성이 침해되고 빈부격차가 심화되며 물질 중시 문명의 대두로 인간의 존엄성이 훼손되기도 했다. 그러다 20세기 들어 인류는 글로벌화 단계로 접어들어 하나의 마을이 되었다. 즉, 지구촌이 된 것이다.

특히 2020년 초 순식간에 인류사회를 혼란에 빠트린 코로나 바이러스의 창궐은 글로벌 지구에 심대한 타격을 안겼다. 현대 과학기술의 발전에 의해 구축된 거미줄처럼 촘촘히 연결된 글로벌 공급망과 인적 관계망을 통해 코로나 바이러스가 동시다발적으로 급속히 확산되었다. 인류번영의 키워드로 여겨졌던 글로벌화가 인류에게 치명적인 위협이 되는 이른바 '과학의 역설'이 작동하게 되었다.

한편으로는 경제적으로도 지구촌은 중대한 변곡점을 맞이했다. 국제분업체계 속에서 조밀하게 구축된 글로벌 공급망은 여기저기서 마비증세를 일으켜 산업활동은 중대한 차질이 발생했으며 실업자들이 거리에 쏟아져 나오게 되었다. 인류는 대공황시대나 2008년 금융위기보다 더 큰 대대불황(Greater Depression)의 위기를 맞게 되었다.

위세를 뽐내던 자본주의사회는 정신 문화적인 면, 경제·사회적인 면, 국제관계적인 면 등 모든 면에서 심각한 도전에 직면해 있다. 역사적으로 이런 극단적인 사회경제적 위기가 급속한 변화를 가져오는 시기에는 인류사회는 혼자의 힘이 아닌 공동체의 힘으로 위기를 극복해 왔다. 이러한 시기에 마을과 마을공동체의 중요성이 대두되는 것은 지극히 당연한 일이다.

최근 들어 자본주의사회의 구조적 모순을 해결하는 대안으로서 마을의 가치를 재조명하는 논의가 더욱 활발해지고 있다. 자본주의사회의 구조적 문제가 심화되고 있지만 국가의 기능은 이 모든 문제를 해결하는데 매우 취약한 면모를 보이고 있다. 특히 사회변화의 속도가 점점 빨라짐에 따라 행정이 사회변화를 따라 가치 못하는 속도 차이 현상이 나타나고 있다. 이에 따라 마을의 중요성이 커지면서 농어촌은 물론이고 도시에서도 도심재생이 활성화되고 있다. 마을과 마을공동체는 환경변화에 능동적으로 대처할 수 있는 사회적 경제, 공유경제를 활용한 경제활동을 하는 가운데 자연재해 시 공동 예방 및 복구가 가능하며 에너지 고갈과 식량 위기에 공동으로 대응하는 기초 단위로서의 역할을 할 수 있다.

마을의 정의를 살펴보면, 협의에서는 일정 규모의 인구와 가구로 구성된 지리적·물리적 정주 공간을 토대로 구성원들이 함께 어우러져 사회·경제적으로 지속가능한 삶을 함께 영유하는 단위라고 정의할 수 있고, 광의에서는 일정 규모의 인구와 가구에 구애받지 않고 전통적으로 인식되는 지리적·물리적 정주 공간의 규모와 상관없이 스스로 자족성과 지속가능성을 유지하며 구성원들 모두가 공동의 목표와 소속감을 갖고 경제적 사회적 생활을 영유하는 단위라고 정의할 수 있다. (국토연구원, 미래국토발전을 위한 지속가능한 마을 연구 : A study on Sustainable Village for the National Territory Development)

마을은 시간, 공간 및 생활의 3가지 요소로 구성되며 특정한 시대적 배경의 영향을 받아 공간의 구성과 공간별 중요성이 달라지는데 이에 따라 생활의 내용과 과제도 달라진다. 즉, 특정 생활의 장소에 기반을 둔 사람들의 사회적 관계이고 구성원 간에 특별한 연대감과 소속감을 부여하는 공동체이며 가족을 넘어 공동체적 정서적 지지를 제공하는 시공간 생활공동체를 의미한다.

마을은 구성원을 재충원하고, 구성원을 양육하고 교육하며, 사회적 가치관을 사회화시키는 기초단위로 동일한 장소에서 직접적이고 항상적인 사회적 관계망을 바탕으로 공통의 가치와 목표를 공유하는 사회집단이다.

즉, 마을은 가옥들의 집합체를 넘어 커뮤니티 혹은 공동체의 단위라는 의미를 가지며, 마을의 지속가능성이란 커뮤니티(community)로서의 기본 기능을 수행하는 생활단위의 의미를 갖는다. 이런 점에서 마을은 한 사회를 구성하는 세포이자 국가의 기본단위이고 나아가 인류문명의 세포(cell)라

할 수 있다.

　　마을은 시대 환경에 따라 마을의 구성과 기능, 역할이 변화하며 시대 환경에 따라 형성된 새로운 개념의 마을은 새로운 시대를 열어가는 변화 주체로서의 역할을 수행한다. 고령사회로 진입한 우리나라에서는 얼마 전까지 농어촌의 인구 과소화, 공동화가 지속되었지만 베이비부머 세대 중심으로 은퇴자가 늘어나고 있다. 이에 따라 귀농·귀촌 등을 매개로 농어촌에 대한 인구 유입이 증가하면서 마을 기능이 재활성화되거나 지역공동체가 새롭게 변신하는 사례들이 많이 나타나고 있다. 근대화과정에서 약화되었던 마을 기능이 다시 활성화되며 주민들의 활동무대로 농어촌 커뮤니티가 활발해지는 경향이 확대되고 있다.

　　이런 변화들은 대체로 원주민들보다 이주민들이 주도하고 있다. 이들은 도시 생활에서 획득한 경험과 전문성을 가지고 주민 공동체 활동을 개별 마을에 한정하지 않고 보다 넓은 공간으로 확장하여 마을을 변화시키고 있다. 농어촌의 이런 변화는 도시의 변화에도 영향을 끼쳐 기초마을의 공동화로 동반 침체 되었던 소도시들이 다시 활성화되는 현상이 나타나고 있다. 특히 정보통신의 발달과 SNS 인프라의 확대 등으로 도농 간에 직거래커뮤니티가 활성화되며 도농이 상생하는 긍정적인 변화가 일어나고 있다.

저출산, 고령화, 저성장 등 미래국토 전망을 토대로 볼 때, 향후 농어촌의 변화는 더욱 가속화될 것으로 전망된다. 이에 따른 농어촌의 경제적 자생력 강화, 도시 마을의 재생 등에 대한 다양한 스마트한 정책이 요구되고 주민들 스스로도 자신의 지역적 특성과 구성원의 요구에 맞는 자생적 마을혁신의 주체로 등장할 필요가 높아지는 등 마을들의 변모가 빠른 속도로 진행되고 있다.

지속가능한
마을의 개념

지속가능발전은 1987년 세계환경개발위원회의 보고서인 '우리 공동의 미래(Our Common Future)' 일명 (브룬트란트 보고서(Brundtland Report)에서 규범적 목표로 제시된 개념으로 두 가지 핵심적 내용을 담고 있다.

첫째는 세대 간 형평성, 즉 현재의 수요를 충족시키면서도 미래 세대의 수요를 충족시킬 수 있는 발전을 추구하는 것, 둘째는 환경용량(environmental capacity) 범위 내에서 개발하므로 과도한 환경파괴를 예방하는 것이다(UN, 2009). 즉, 환경을 보호하고 빈곤을 구제하며, 장기적으로는 성장을 이유로 단기적인 자연자원을 파괴하지 않는 경제적인 성장을 창출하기 위한 방법들의 집합을 의미한다.

2005년 세계 정상회의 결과문서(World Summit Outcome Document) "상호의존적이고 상호 증진적인 지속가능한 발전의 기둥"으로서의 경제적 발전, 사회적 발전, 환경 보호를 언급하였다. 유네스코 세계 문화 다양성 선언(The Universal Declaration on Cultural Diversity, 2001)[1]에서는 추가적인 개념으로서 "자연에게 있어서 생물 다양성이 중요하듯이, 인간에게 있어서 문화 다양성이 필요하다"고 언급하였다. 문화 다양성은 단순한 경제적인 성장이 아닌, 보다 만족스러운 지적, 감정적, 윤리적, 정신적인 삶을 달성하기 위한 하나의 방법으로서의 근원이 된다는 것이다. 이러한 견해에 따르면, '문화 다양성'이 지속가능한 발전의 네 번째 내용이 된다.

지속가능한 마을이란 현 세대뿐만 아니라 미래 세대까지 구성원들이 지속적으로 환경을 보전하면서 경제발전을 이루고 동시에 사회적 합의와 통합을 이룩할 수 있는 자족적 기능과 역량을 가진 마을(정주단위)을 뜻한다.

그러려면 긴 세월 동안 마을공동체적 자족기능이 사라지지 않고 오히려 세대 간 계승을 통해 외부세계의 변화에 적절히 대응해야 한다. 특히 현재 급속히 진행되는 과학기술혁명과 코로나 바이러스 이후의 변화를 내다볼 때, 도시-농촌의 기능 배분이 이분법적 논리에서 벗어나 혼합 내지 통합적

기능 배분으로 나아갈 가능성이 높고 농어촌 마을의 재해석과 혁신이 일어날 가능성이 높아 보인다. 이러한 변화에 대응하면서도 지속가능성을 담보하는 것이 이후 마을의 미래계획의 필요조건이라 하겠다.

마을공동체의 일반 활동

마을공동체와 관련한 주요 정책은 주민자치회, 마을만들기, 마을기업, 협동조합, 생활협동조합 등이 있다.

가)주민자치회는 주민자치조직으로서 주민의 각종 지역문제 해결에 참여

나)마을 만들기는 삶의 터전을 기반으로 한 지역공동체 사업으로서 도시재생·경제·복지·문화·축제·환경·다문화 등의 사업을 추진

다) 마을기업은 지역특화 자원을 활용한 소득 안정 및 일자리 창출을 위한 마을 단위의 기업으로서 일자리·경제·복지·문화·축제·환경·다문화 등의 사업을 추진

라)협동조합은 재화·용역의 판매 구입 등을 통한 조합원 권익향상 및 지역사회 공헌을 위한 사업조직으로서 마을기업과 유사한 사업을 추진

마)생활협동조합은 소비자-생산자간 직거래를 통해 중간 마진을 없애는 것을 목적으로 하는 협동조합으로서 농산품직거래·의료·대학·노인·문화·생협 등의 사업을 추진

지속가능한 마을로서의 향기촌의 원칙

향기촌은 자유와 행복이 바탕이 되는 가운데 '새로운 사회'에 대한 욕구를 충족시켜 주는 방향으로 형성될 것이다. 이 '새로운 사회'의 기저에는 '필요한 정도의 적절한 물질적 생산력'이 전제되는 것이지만, 그 바탕엔 생산력에 지나치게 집착하면 자연을 파괴할 것이라는 자각과 삶의 질을 향상시킬 수 있는 새로운 형태의 마을공동체 구축의 욕구가 자리하고 있다. 이는 자연과 물질이 균형과 조화를 이루는 가운데 자유롭고 싶은 인간의 욕구를 최대한 충족시켜 준다는 지향점을 가진 새로운 문명방식으로의 진화를 의미하는 것이다.

또한 이기적 개인주의를 바탕으로 하는 사회를 넘어서서 따뜻한 인간관계를 만들어내는 한 단계 업그레이드된 민주주의를 토대로 하는 새로운 마을공동체가 만들어질 것이다. 즉, 직접민주주의의 확대와 심화, 지역을 기반으로 세계화를 수용하는 글로벌 거버넌스의 발달 등이 전제가 되는 마을공동

체가 탄생할 것이다.

　　지역마다 나라마다 환경과 조건이 다르기 때문에 새로운 마을공동체는 다양한 형태로 형성될 것이다. 그러나 마을공동체를 끌고 가는 원칙들은 동일한 지향점을 가지고 있을 것이다. 이를테면 '하고 싶은 일을 하면서도 이웃에 폐를 끼치지 않게끔 하는 것', '즐겁게 일하는 가운데 자신의 능력을 최대로 발휘하는 것', '필요한 만큼 생산하고 필요한 만큼 쓰는 소박한 삶을 사는 것' 등을 그 예로 들 수 있다.

　　마을공동체도 하나의 생명체이다. 모든 마을들이 인드라망처럼 서로 소통하고 이어져, 높은 곳에서 낮은 곳으로, 많은 곳에서 부족한 곳으로 서로 나누고 배려하면서 성장하고 발전해 나가면서 21세기 마을공동체는 그러한 형태로 진화할 것이다.

공동체 경험 축적

향기촌 마을공동체가 지속적으로 발전하기 위해서는 시대와 상황에 따라 유연하게 대처하고 진화하는 공동체 운영 경험에 대한 축적이 필수적이다. 원래 개인주의가 팽배한 도시적 정서를 가진 주민들이 하나의 마을공동체를 이룬다는 것은 한국에서는 처음으로 시도된 것으로 이를 추진할 때 많은 사람이 부정적인 견해를 보인 게 사실이다. 왜냐면 개인주의에 익숙해 있는 도시 출신 주민들 간의 갈등 조정 및 해소가 대단히 어렵다는 것이 그 이유였다.

하지만 장기적인 관점에서 보면 갈등은 공동체가 성장하고 발전하기 위해서는 통과해야 할 관문이자 상호간 협력을 위한 필연적인 과정으로 이러한 과정을 통한 경험이 충분히 쌓여야 한다. 따라서 향기촌 운영위원회의 역할은 매우 중요하며 또한 이를 보다 효율적으로 조정하고 관리할 수 있는 역량과 사명감을 갖춘 리더들이 지속적으로 육성되어야 한다.

마을공동체가 지속적으로 성장하고 발전하기 위해서는 선행 향기촌 마을공동체의 실험 정신이 존중되어야 하며 아울러 실패한 선행 리더 또한 존중되어야 한다. 따라서 향기촌은 선행 리더에 대한 비난 및 비판을 금지하는 것을 원칙으로 할 것이다. 실패한 경험 또한 향기촌의 발전을 위한 소중한 경험으로 인정되어야 하기 때문이다.

상기한 향기촌 경험 축적의 원칙이야말로 향기촌의 100년을 보장하는 바탕이다. 따라서 그 지향점은 당연히 최고의 공유가치인 '주민의 행복'이 되어야 할 것이다.

향기촌은 상식을 갖춘 주민들의 집합체로서 그 가운데 존경받는 어른들이 많고 스마트 웰빙(well-being)과 웰에

이징(well-aging) 그리고 웰다잉(well-dying)을 잘 실현할 수 있는 명품 마을을 지향하고 있다. 이를 위해 마을의 원로인 촌장과 고문단은 마을공동체의 운영과 방향을 설정하는데 훌륭한 가이드 역할을 담당하여야 하며 향기촌 운영위원회는 합리적이고 효율적인 마을 운영을 위해 사명감을 갖고 헌신적으로 수행해야 한다. 물론 그 기준은 본 기획서가 될 것이다. 이런 과정을 통하여 마을공동체 운영 경험은 1차적으로 지속가능한 마을을 만드는 정신과 문화 자산으로 축적될 것이며, 이는 사회적 자산으로 이어져 궁극적으로는 건강하고 행복한 사회를 만드는 공유가치로 승화될 것으로 확신한다.

향기촌의 방향

가) 사유와 공유

사유재산을 인정하되 토지, 공구, 마을시설 등 공동사용의 대상을 최대한 확대하여 사유와 공유의 균형을 유지한다.

나) 행복

향기촌의 목표는 주민의 행복을 극대화하고 가족, 주민, 지역사회와의 관계를 원만히 하여 행복을 증진시키는 것이다. 행복에 대한 판단 기준과 행복을 느끼는 요인은 개인에 따라 다르므로 개인적 자유와 행복을 느끼는 동기를 최대한 존중하고 이를 주민들과 대화를 통해 함께 모색하도록 한다.

다) 경제활동 지향점 (농업형 유통가공형 도농 교류형)

보통 귀농, 귀촌 마을의 경제활동은 농업형, 유통가공형, 도농 교류형 등 세 가지로 나눌 수 있다. 향기촌은 세 가지 유형 중 주민들의 공감대가 모이는 방향을 중시하되 기본적으로 '사색의향기'와의 관계를 고려하고 사색의향기 조직이 배경이 된 장점을 활용하여 도농 교류형을 지향한다.

라) 스마트 헬스 캐어

향기촌의 주민들은 원시적 생활을 추구하지 않고 스마트한 정보생활을 추구한다. 세계적으로 보편화 되어 가고 있는 비대면기술혁신의 추세에 맞춰 5G 통신망을 적극 활용하고 비디오 커뮤니케이션, AR 기술을 최대한 도입하여 원격의료 원격교육을 활성화한다. 나아가 IOT나 웨어러블 의료기기를 활용하여 스마트 헬스 캐어를 적용하므로써 예방의학을 접목하고 응급시스템을 두어 인근 의료인프라와의 효과적인 연계성을 구축한다.

마) 직접민주주의의 확대

향기촌은 주민의 자생, 자활, 자립, 자주를 추구하는 직접민주주의를 기본원리로 한다. 주민이 스스로 연구하고 결정하고 성과를 함께 공유하여 주민의 참여를 극대화하는 것을 기본 방향으로 한다.

바) 젊은 세대와의 교류

세대 간의 단절을 사회적 병리 현상 중 대표적인 현상으로 각각의 세대들의 행복을 제약하고 불행감을 증대시킨다. 가족관계를 활용하여 젊은 세대와의 생활공동체를 구축하고, 나아가 지역사회의 어린이들의 연수나 교류행사를 적극 유치하여 어린이들이 미래에 대한 꿈을 가질 수 있도록 돕는다.

사) 지역사회에 대한 공헌

향기촌은 절대 고립된 공간이 되어서는 안 된다. 지역사회와 함께 숨 쉬고 평생 쌓아온 경험을 환원하기 위해 노력한다.

아) 한국을 넘어 지구촌으로 확산

향기촌은 작게는 베이비붐 세대를 돕는다는 마음, 크게는 대한민국의 많은 마을과 많은 걸 나누며 함께 살아간다는 마음, 나아가서는 저개발사회를 비롯 지구촌 주민들과 한 시대의 희로애락을 나눈다는 마음으로 노력한다.

지속가능한 마을 만들기

'지속가능성'은 약한 지속가능성, 중간적인 지속가능성, 강한 지속가능성 등 크게 세 가지로 구분된다.

'약한 지속가능성'은 시장기구 및 과학 기술적 방안으로 환경문제를 해결할 수 있다는 관점이다.

'중간적인 지속가능성'의 시각은 현실에 바탕을 둔 개량주의적 입장으로 원론적으로는 강한 지속가능성이 타당하지만, 단기 중장기적으로는 사회경제적인 구조들을 개선하고 개량해 나가는 중간적인 시각이 더 현실적이라는 입장이다.

'강한 지속가능성'의 시각은 환경보전을 최우선시하는 원칙이다.

ICLEI(국제환경지자체협의회)가 규정하는 '지속가능한 발전'이란 모든 사람들의 기본적인 삶의 질을 강화하고 사람이 지속적으로 살만한 가치가 있도록 생태계와 지역공동체를 보호할 수 있는 수준에서 경제발전 과정을 변화시켜 가는 프로그램으로 보고 있다.

지속가능한 발전은 크게 3개 구성요소를 갖고 있는데 경제발전, 지역공동체 발전, 생태 발전으로 나누어진다.

어메니티(amenity)라는 말은 '환경보전, 종합쾌적성, 청결, 친절, 인격성, 좋은 인간관계, 공생' 등 번역어만 무려 80

여 가지가 된다.

어메니티의 의미를 요약하면 '인간이 살아가는데 필요한 종합적인 쾌적함'이라고 할 수 있다. 즉 지속가능 발전에서 경제발전, 지역공동체 발전, 생태 발전 등 3개 과정의 최적 균형을 찾는 지표가 어메니티라고 볼 수 있다.

지속가능한 마을 만들기를 어메니티에 연계하면, 즉 어메니티 마을 만들기란 '주민이 마을에 있어야 할 모습을 그려 그것을 실현해 가는 지혜나 연구를 바탕으로 한다. 이를 바탕으로 뜻을 모아 계획적으로 그것들을 함께 실행하거나 실현해 가는 노력의 총체'라고 볼 수 있다.

이 때문에 지속가능한 마을 만들기를 위해서는 '있어야 할 모습'을 생각하는 창조이념이 필요하고 이를 끌어낼 비전 및 실천과제가 담긴 로드맵이 필요하다. 따라서 '있어야 하는 것이 있어야 할 곳에 있다'는 어메니티가 곧 지속가능한 마을 만들기의 창조이념이 되는 것이다.

지속가능한 마을 만들기는 지역의 특성에 바탕을 둔 '창조적인 아이디어'와 '주민참여' 및 '행정과의 협력'의 산물이라 할 수 있다. 그것은 곧 '생활창조의 발상', 궁극적으로는 삶의 쾌적성을 의미하는 '어메니티'의 실현으로 이어진다.

어메니티 개념을 바탕으로 한 지속가능한 마을 만들기의 개요는 일반적으로 다음과 같다.

① 주민이 각자가 생각하는 행복론에 입각해 그 생활 이상이나 목표를 명확히 할 필요가 있다. (비전 갖기)

② 자연과의 공생을 도모한다. (에코시스템 혹은 지속 가능성의 확보)

③ 풍토나 역사, 전통을 현대적으로 살리면서 개성적인 가로수 경관이나 지역 문화를 육성한다. (새로운 지역주의의 추구)

④ 인재나 지역의 잠재능력을 발굴해 고유의 자원을 활용하여 산업을 육성한다. (인재육성)

⑤ 사람들의 활동 및 일자리를 넓힘과 동시에 고령자, 장애자 등 사회적 약자도 안심하고 살 수 있는 지역 시스템을 만든다. (안전성 확보)

⑥ 각자의 생업을 존중해 개성을 키워가는 것과 동시에 마음이 풍요하고 풍부한 인간관계를 유지할 수 있는 자율연대형 지역사회를 키운다. (개성존중)

⑦ 시민으로서 지역을 공유하는 감각, 지역에서 하나됨을 인식하는 공동체 의식을 키운다. (공동체 의식 함양).

⑧ 지역의 전반적 기능과 환경의 질을 높인다. (어메니티 확보)

⑨ 평생 살만한 지속가능한 생활무대를 만들어나간다. (인간존중사회의 실현)

실패한 귀촌 사례를 통해 본
향기촌의 성공 전략

실패한 귀촌 사례 조사를 통해 현재의 실태를 파악하고 향기촌의 성공전략 방향을 설정한다. 요약하면 종래의 귀촌이 특정 니즈와 함께 하는 것이라면 향기촌은 불특정 다수가 참여하는 다중 이해관계의 집단귀촌이라고 정의할 수 있다.

　　향기촌의 성공 전략은 마을의 공동체성을 확보하고 도시 포기에서 오는 상실감을 보상하며 참여하는 사람들의 역량과 경륜을 활용하는 삶이 가능한 마을로 기획하는 것이다. 특히 창업에 따른 부담과 판로 확보를 제대로 하지 못하여 안정성이 떨어지는 사업 형태가 아니라 주민들 간의 신뢰를 바탕으로 공유경제 시스템을 도입한 협동조합 형태의 사업추진으로 구성원을 행복하게 이끌어 가게 된다.

이에 대한 자세한 사항을 정리하면 다음과 같다.

구분	종래 귀촌	집단 귀촌(향기촌)
공공성	개인 재산	시니어 사회공헌 방법 모색 사회적 약자 보호를 고려한 정책
구성원	지인, 동호회, 특정 니즈	불특정 다수, 이종 간 관계
토지	개인 재산	공유재산
건물/지상권	개인 재산	개인재산, 공유사용
재산권 표기	개별 등기	토지 신탁, 개별 등기 혼용
수익활동	개별 영농	역량&경륜 바탕 생산 및 소비 구조 협동조합 활용 공유경제 수익 체계 전국적 조직의 시스템 활용 구조
관리주체	없음	비영리 단체(예 : 사색의향기)
문화정책	없음	전략적이며 체계적인 방법 모색 테마마을 조성 및 마을간 연계
수익활동	영농 혹은 없음	협력적 소비, 가족중심의 신뢰 경제
참여자 혜택	자산 증가	개인자산 공익자산 확보
삶의 가치	도시 포기 상실감 큼	제2의 가족, 삶의 질 향상 정책 등.
공공 지원	없음	정부 및 지자체의 지원 많음

향기촌 기대효과

마을공동체 향기촌은 귀촌에 따른 불안감, 집을 비울 때의 부담감, 도시 생활 포기에서 오는 상실감을 극복하고 모두가 함께 행복할 수 있는 마을공동체를 만들어 가는 것이다. 향기촌은 다음과 같은 것을 가능하게 한다.

가) 신뢰할 수 있는 집단에 대한 소속감을 가진다.

착하고 신뢰할 수 있는 집단에 쉽게 속하는 것은 현실적으로 어렵다. 많은 사람들이 도시를 쉽게 벗어나지 못하는 까닭도 여기에 있다. 함께 생활하면서 서로를 신뢰하는 가운데 형성되는 안정감이 매우 중요하다. 이를 통해서 비로소 오랫동안 함께 하고 싶은 소속감이 만들어지는 것이다.

나) 도시의 고비용 생활을 청산한다.

아무리 돈이 많아도 통장에서 돈을 인출해서 쓰는 경우에는 행복하지 않다고 한다. 사람들은 본인의 역량에 알맞게 제대로 된 역할을 하면서 기본 생활에 필요한 비용을 조달할 때 가장 행복하다. 향기촌은 공유경제 시스템을 통해 이를 실현 가능하게 한다.

다) 자연과 함께하는 가운데 주민이 제2의 가족(혈연 탈피)이 된다.

100세 시대에 혈연을 맺은 가족이 부양하는 것은 현실적으로 어려운 일이다. 현시점은 사회적 가족을 중심으로 노노케어 하는 가운데 정부 정책과 연계하여 돈이 없어도 살 수 있는 새로운 가족을 만드는 것이다. 특히 도시에서는 찾아볼 수 없는 자연과 함께하면서 새로운 가족과 생활하는 최상의 관계가 향기촌에서 만들어지는 것이다.

라) 취미활동을 함께 할 수 있는 사람이 필요하다.

수직 관계에 익숙한 전반기 삶을 살아온 시니어일수록 수평적 관계의 행복을 아는 것은 쉽지 않다. 직장과 일에 매몰되어 삶을 윤기나게 해주는 놀이문화에는 숙맥이다. 수평적 관관계야말로 공동체 삶에 있어서 꼭 필요한 사회적 관계이며 이를 통하여 오랫동안 지속가능한 공동체를 만들어 가는 것이 향기촌의 기본 정신이며 철학이다.

마) 경제적 자립이 필수적이다.

후반기 삶을 잘 살아내야 하는 100세 시대에서의 인생 2모작 전략은 돈을 벌기보다는 자립할 수 있는 기반을 만드는 것이다. 내가 필요하다고 인정을 받고 역량에 걸맞은 역할을 하는 가운데 소득이 생긴다면 은퇴 전 받았던 임금보다 더한 행복감을 느낀다. 이와 같은 향기촌의 공유경제 시스템이 자발적 가난을 기쁨으로 만들어 갈 것이다.

바) 역량과 경륜을 소비하는 생산적인 일(job)을 가진다.

무위도식은 어떠한 경우에도 안 된다. 후반기 삶이 즐겁기 위해서는 무조건 일이 있어야 한다. 특히 봉사하고 헌신하는 일일수록 그 가치가 높다. 가치를 만드는 일에 적극 동참할 때 일을 통한 보람과 행복을 느끼게 되는 것이다.

사) 건강하고 행복한 삶을 영위하는 프로그램을 운영한다.

이종 간 다중 이해 관계자가 협력하는 가운데 마을공동체에서의 삶을 행복하게 만드는 문화 나눔을 비롯한 다양한 프로그램을 기획하고 운영하는 것이 필요하다. 오랜 기간 행복한 문화나눔 운동을 펼쳐 온 사색의향기 기반의 향기촌은 그러한 요구사항을 가능하게 해 준다.

향기촌 주민 참여 절차

향기촌에 참여하고자 하는 도시인은 다음과 같은 절차를 통하여 향기촌 주민으로 참여할 수 있다.

1단계 : 향기촌 부지 공동 소유하기

귀촌 혹은 미래의 가치를 소망하는 사색의향기 회원들이 향기촌 부지를 공동으로 구매하고 소유한다. 공동구매를 통하여 저렴하고 효용 가치가 날로 증진하는 땅을 소유하는 행복을 나눈다. 아울러 공적 개발을 통하여 수익을 낼 수 있는 가치를 선점한다.

2단계 : 마음의 고향 만들기

부지 공동구매에 참여한 사람은 향기촌 주민이며 주민은 기념 식수를 하고 주말농장도 체험하며 향기촌에서 열리는 정기적 인 만남에 기꺼이 참여하는 가운데 소울 메이트들을 만날 수 있다.

사색의향기와 함께 하는 상호의존 관계를 증진하고, 향기촌 행복마을 체험을 통하여 자녀들의 친환경적인 인성을 키워나간다. 도시생활에서는 맛볼 수 없는 소중한 추억을 쌓 아간다.

3단계 : 후반기 인생 설계하기

체험적 가난을 자발적으로 선택한 공동체 생활을 영위하고, 소 비용 투자로 100세 시대 거점을 확보할 수 있다. 메마른 도시 생활을 벗어나 농촌사회에 기여할 수 있는 생산적 관계를 새로 이 구축하며, 그 곁에는 언제나 사색의향기가 함께 하고 있다.

향기촌 행복마을에는 홀로 굶거나 외로움에 지친 고독 사는 결코 없을 것이다.

4단계 : 경륜과 재능 소비와 제2가족 만들기

그동안 쌓은 경륜과 재능을 바탕으로 공동체가 추구하는 공유 가치를 구현하면서 삶에 필요한 최소한의 경제적 재화를 조달하고 그 과정을 통하여 존재에 대한 성취감을 얻는다.

다양한 사람들(이종과 통섭, 융합의 인적 구성)과 더불어 제3의 공유가치를 지속적으로 만들어 간다. 좋아하는 일, 혼자 할 수 없는 일을 체험적 가난을 통해 함께 한다.

5단계 : 행복한 귀촌의 꿈 실현하기

도시와의 1차적 관계를 청산하고 행복을 주는 2차적 사회관계를 만들어 가기 위해 새로운 희망을 가지고 귀촌한다. 궁극적으로 후반기 인생의 자랑스러운 행복 주인공이 된다.

마을공동체 갈등 해소 방안

갈등은 양면성을 지닌다. 공동체에서 발생하는 갈등은 갈등을 어떻게 관리하는지에 따라 공동체 발전의 견인차가 되기도 하고 공동체를 파괴하는 원인이 되기도 한다. 따라서 공동체에 갈등이 야기되면 직접민주주의 방식의 회의 및 토론을 통해서 갈등관리를 제도화하여 해소해 나가는 공동체 활동이 필요하다. 특히 공동체 리더들의 경륜과 인성에 바탕한 풍부한 감성의 렌즈를 통해 갈등을 재조명하고 정화시키는 하이터치 (High-touch) 활동이 절실히 요구된다.

마을공동체와 갈등의 발생

사람들이 모여 유기체적 성격의 조직을 이루고 목표나 삶을 공유하면서 공존할 때 그 조직을 공동체라 일컫는다. 여기에는 단순한 결속보다는 질적으로 더욱 강하고 깊은 관계의 형성은 물론, 구성원 상호 간 의무와 책임감, 정서적 유대, 공동의 이해관계와 공유된 이해력을 바탕으로 사회적 관계망이 형성되는 과정이 모두 포함될 때 비로소 공동체를 이루었다 할 수 있다. 또한 공동의 목적을 가지고, 공유된 실천 관행에 참여하며, 상호 간에 관계를 맺고, 도덕적 판단 기준이 공유 또는 구축되는 장이어야만 제대로 된 공동체로 존립의 가치를 갖는다.

마을은 주민이 일상생활을 영위하면서 경제·문화·환경 등을 공유하는 공간적, 사회적 범위를 지칭하며, 주민 개인의 자유와 권리가 존중되며 상호 대등한 관계 속에서 마을에 관한 일을 주민이 결정하고 추진하는 자치적 형태의 공동체를 마을공동체라 한다.

작은 단위의 모듬살이로서 공동체 의식을 갖고 공동체로서의 문화를 이루고 있을 뿐 아니라, 경제적으로 자급적이고 정치적으로 자치적이며 문화적으로 자족적이어서 사회적 자립 구조를 이루고 있는 지속가능한 공동체가 곧 마을공동체이다.

지속가능한 마을공동체는 지속 과정에서 필연적으로 갈등의 시기를 수차례 거친다. 갈등의 발생은 공동체가 가지는 본질적 속성으로 마을공동체도 예외는 아니다. 공동체의 삶에는 갈등이 상존하고 있다. 그러나 갈등은 그 자체로 나쁜 것은 아니다.

갈등 상황을 잘못된 방법으로 해결하려고 할 때 효율성이 떨어지고 문제가 지속되는 것이지 현명하게 접근한다면 갈등을 해결하는 과정에서 목표 달성에 좋은 방법을 찾고 관계를 더 단단하게 만드는 계기가 되기도 한다. 즉, 공동체 생활을 하는 가운데 갈등이 전혀 없어야 좋은 것이 아니라, 발생한 갈등을 어떻게 해결해 가는가 하는 것이 더 중요하다는 의미다.

갈등(conflict)은 라틴어 'confligere'에서 나온 말로 '서로 부딪치다, 충돌하다'라는 의미를 갖고 있다.

한자로는 葛(갈, 칡)과 藤(등, 등나무)이 합쳐진 말인데, 개인이나 집단이 가진 목표나 이해관계, 정서들이 서로 복잡하게 뒤얽혀 충돌하고 있는 상황을 일컫는다.

크건 작건 갈등이 없는 공동체는 없으며, 갈등의 발생 자체를 원천적으로 막는 방법은 애초부터 존재하지 않는다.

공동체의 본질은 개인의 집합체이다. 개인은 각각의 고유한 가치관과 품성을 가진 존재이기 때문에 개인들이 가지는 고유성들이 충돌하는 자리에서 갈등이 생겨나는 것은 지극

히 자연스러운 현상이다. 따라서 갈등 자체가 생겨난다는 사
실만으로 공동체에 문제가 있다거나 잘못된 방향으로 가고 있
다고 보는 것은 전적으로 공동체의 본질을 잘 모르는 데서 기
인한 것이다.

작은 공동체일수록 갈등이 발생할 소지는 적다. 반면
에 구성원이 많아지고 공동체가 커질수록 갈등이 발생할 소지
도 덩달아 커진다. 역으로 갈등이 빈번하게 발생하기 시작한
다는 것은 공동체가 그만큼 성장했음을 암시하는 것이기도 하
다. 그렇다고 해서 갈등의 발생이 공동체의 본질적 속성이니
그대로 방치해도 괜찮다는 것은 결코 아니다. 갈등은 내버려
두면 확산되고 커지는 경향이 있으며, 공동체를 안으로부터 좀
먹다가 궁극적으로는 파괴하기도 한다. 따라서 갈등이 발생하
면 공동체 차원의 적극적 개입이 필요하다.

갈등의 조정 및 해소

갈등의 발생 자체를 원천적으로 막는 방법은 없다. 그러나 발
생 빈도를 줄일 수는 있다. 발생한 갈등에 대해서는 일단 적
극적으로 갈등을 조정하고 해소하는 과정을 통해 구성원들의
합의를 도출해 내야 한다. 이를 위해서는 공동체 내부에 갈등

을 조정하는 시스템이 필요하며, 구조적인 차원에서의 접근이 필요하다.

갈등의 원인을 공동체 구성원 개개인에게 돌리면서, 갈등의 해소를 위해 구성원 개개인의 변화를 요구하는 경우가 많다. 그러나 이런 방법은 효과가 없을 뿐만 아니라, 오히려 역효과를 내기도 한다.

'불만을 갖지 말 것', '주관적으로 보지 말 것', '믿을 것', '리더십에 복종', '가치관을 바꿀 것' 등, 구성원 개인 차원의 변화를 요구하는 방법은 이미 갈등상태에 있는 구성원들의 사이를 더 벌려 놓는 결과를 초래할 뿐, 갈등을 해결하는 효과를 내지는 못한다.

크고 작음의 정도 차이는 있을 수 있겠으나, 대부분의 갈등은 그 발생의 책임이 갈등 당사자 양쪽 모두에게 있기 마련이다. 이런 상태에서 어느 한쪽만 정죄하는 듯한 발언은 오히려 갈등을 증폭시킬 뿐이다. 물론 개인 차원의 문제가 갈등의 원인이 되기도 하며, 구성원 개인의 변화가 갈등 해소에 효과가 있는 것은 사실이다. 그렇지만 이것은 어디까지나 부차적이고 보조적인 수단에 불과하다. 구조적인 차원에서의 접근이 우선될 때 부가적인 효과를 낼 수 있다.

공동체 내 갈등의 발생을 최소화하고 발생 시에는 문제를 최소화하면서 갈등을 효과적으로 해소하려면 어떤 구조적인 체계가 필요할 것인가?

어떠한 갈등이라도 단번에 모두 해소할 수 있는 만병통치약 같은 갈등 해소 비결은 있을 수 없으나 갈등을 조정하고 해소하는 데 있어서 민주적인 체계 및 절차가 가장 효과적이라는 데는 이론의 여지가 없다.

우선적으로 공동체 내에서 구성원 각자의 역할에 따른 책임과 권한이 분명히 규정되어야 한다.

책임과 권한의 소재에 대한 다툼은 공동체에서 발생하는 갈등의 가장 빈번한 원인이 되기 때문이다. 자체 규약(공동체 내부 규정 포함)을 통해 누가 무엇을 결정할 수 있는지, 어떤 일에 대한 책임은 누가 지는 것인지를 분명히 해야 한다.

다음으로는 구성원들이 승복할 수 있는 의사 결정 체계가 필요하다.

공동체가 내린 어떤 결정이 비록 자신의 생각과는 다르다고 하더라도, 그 결정이 합리적인 의사 결정 체계를 통해 내려진 것이라면 구성원들은 수긍하기 마련이다. 의사 결정 과정이 투명하지 않을 때, 왜 그런 결정이 내려졌는지에 대해 납득할 수 없을 때, 공동체 내부에서는 심각한 갈등이 발생한다. 그러나 아무리 효율적인 체계를 갖추고 있더라도, 갈등의 발생을 근원적으로 차단하는 것은 불가능하다. 또한 합리적이고 효율적인 시스템이라 하더라도 전원이 동의하는 것은 불가능하고 따라서 동의하지 못하는 구성원도 나오기 마련이다. 이런 이유로 갈등으로 인해 상처받고 떠나는 구성원이 생기는 것 역시 완전히 막을 수는 없다.

이 경우 대부분은 공동체가 아닌 구성원 개인에게 그 원인이 있다. 즉, 공동체의 본질적인 부분에 공감하여 공동체의 구성원이 되었으나 공동체가 자신이 옳다고 생각하거나 원하는 방향으로 움직이지 않을 때 끊임없이 불만을 제기하며 갈등을 일으키게 되는 것인데 이는 개인의 성품 및 성향에 주로 기인한다. 그러다가 결국에는 공동체에 상처를 남긴 채 떠나고 만다. 이런 성향의 사람들은 어떤 공동체에도 소속되기 힘든 경우가 대부분이다.

구성원 개인의 성향 혹은 성품으로 인해 야기되는 갈등을 효율적으로 관리하고 해결하기 위해서는 무엇보다 먼저, 구성원 각자가 자신이 어떤 유형의 사람인지 이해하는 것이 필요하다. 구성원 간의 협력과 통합 방식으로 해결하는 게 좋겠지만, 상황에 따라 때로는 상대방의 의견과 주장을 수용할 수도 있어야 하고, 때로는 적정 수준에서 빠르게 타협할 수도 있어야 한다. 특히 자신에 대한 이해와 함께 갈등 상황에 놓인 반대편이 어떤 방식을 취하고 있는지도 알아야 한다. 왜냐하면 상대방의 행동의 동기와 그 목표를 알아야 적절히 대응할 수 있고 이를 통해 갈등을 조정하고 해소할 수 있기 때문이다.

특히 효과적인 갈등의 조정 및 해소를 위해 간과할 수 없는 것이 공동체 리더의 역할이다.

공동체가 제대로 운영되기 위해서는 리더의 제대로 된 리더십이 절대적으로 중요하다. 리더는 항상 공동체의 분위기를 살펴야 하는 동시에 갈등관리 유형에 대한 이해 및 해소를 위해 지속적으로 학습하여야 한다.

갈등이 발생하는 원인을 사전에 감지할 수 있도록 다양한 성향의 구성원들과 지속적으로 커뮤니케이션하여야 한다.

예를 들면, 베풂에 익숙한 이타적인 구성원들에게는 자신의 주장을 적절히 펴면서도 협력이 가능하고, 그렇게 해도 공동체 관계가 깨지지 않는다는 것을 알려 주고, 반면에 이들을 이용하려고 하는 이기적인 구성원에 대해서는 공동체의 규정 등을 숙지시키면서 갈등을 일으키지 않게끔 사전 관리를 해야 한다. 리더는 구성원 모두가 갈등의 당사자가 될 수 있음을 인식하고 구성원들이 공동체 내에서의 역할 및 역할에 따른 책임감을 자각할 수 있도록 깨우쳐 주어야 한다.

다음의 사례는 마을공동체가 갈등으로 인해 위기에 처했을 때 리더의 역할이 얼마나 중요한지를 보여주는 좋은 사례이다.

평균 연령 67세에 31가구 54명이 사는 경남 하동군 횡

천면 하남마을은 2011년 경전선 복선화 공사로 인한 주택 피해 보상 문제로 주민 간의 갈등이 심화되어 마을공동체에 커다란 위기가 찾아왔다. 그러나 이장을 중심으로 주민들이 합심해 진정한 마을 자치와 공동체 활동을 통해 갈등을 해소함으로써 마을 발전과 화합을 이루어냈다.

위기의 순간에 마을 자치위원회가 앞장서서 코스모스 꽃길 가꾸기, 마을 정화 활동 등을 펼쳐 나갔고 여기에 마을 주민들이 적극적으로 참여하면서 갈등을 자연스럽게 해소하고 나아가서는 마을공동체의 화합을 이끌어내는 계기를 마련하였다.

또한, 마을공동체 조직 정비를 비롯해 청년회 온라인 밴드 결성, 뚝방길 꽃길 조성, 마을 랜드마크 돌탑 만들기, 횡천강 야단법석 축제, 청정 환경 유지를 위한 친환경 농업 실시 등 마을 주민들이 합심해 공동체 활성화 사업을 추진하면서 오히려 위기가 마을 발전으로 이어져 마을공동체 갈등 해소 사례의 롤 모델로 자리 잡게 되었다. 마을 자치위원회를 이끌고 있는 하남리 이장은 앞으로 마을 축제의 전국단위 확대, 명상센터 조성, 두부 공장 운영을 통한 일자리 창출 등 주민이 주도하는 창의 특색마을 추진을 위해 매진하겠다고 밝힌 바 있다.

향기촌에 함께하는 주민들의 성향은 100인 100색이다. 향기촌은 정주하고자 하는 그 어떤 주민에게도 원래의 성향을 바꾸라고 강요하지 않는다.

　　주민들은 향기촌이라는 그릇에 담기면서 공감이라는 고추장으로 비벼져 맛있는 비빔밥이 된다. 재료 간에 갈등이 사라져 맛있는 비빔밥이 되듯이 주민 모두가 하나로 어우러져 행복마을이 되는 것이다. 갈등은 협력을 위해서 반드시 거쳐야 할 필요한 과정이다. 그렇다면 협력을 만드는 매개체인 고추장이라는 공감은 어떻게 만들어 낼 것인가?

　　바로 향기촌 구성원을 위한 인문학 집체교육이다. 이는 향기촌 실행 과제 및 그 실천에서 구체적으로 기술하였다. 결론적으로 공동체를 지속가능하게 하는 것은 교육이며 교육을 통하여 공감을 만들고 이를 통하여 갈등을 해소하는 바탕이 만들어질 것이다. 한편 갈등을 사전에 막을 수 있는 좋은 방법 중 하나가 밥상공동체를 만드는 것이다. 국내의 많은 공동체를 방문하고 갈등에 대한 복잡한 현상을 듣고 의견을 나눈 결과, 갈등을 야기한 대부분의 원인은 소통의 부족이었다.

　　공동체에서 필연적으로 발생하는 작은 불만을 해소하면서 발생할 큰 갈등을 자연스럽게 극복하는 방법 중 가장 효과적인 방법ㅇ,ㄴ 구성원들이 함께 밥을 먹는 것이다. 대부분의 마을공동체가 공동취사를 하는 이유가 바로 여기에 있다. 밥상머리에서의 대화가 마을공동체의 갈등 발생을 사전에 예방하고 있는 것이다.

향기촌도 마을 공동취사를 생활화하고 있다. 물론 개별 취사를 막는 것은 아니지만 한 달에 1~2일 밥상 봉사를 하면 나머지 날들은 직접 하지 않고도 함께 식사가 가능하다. 1인 가족 혹은 혼밥이 지속적으로 늘어나는 오늘의 시대에서 향기촌의 밥상공동체는 충분히 매력적이며 동시에 갈등을 사정에 예방할 수 있는 효과적인 방안인 것이다.

향기촌은 갈등이 발생하는 경우, 그 조정은 향기촌 고문단이 맡는다. 촌장 혹은 운영위원장을 마치고 고문단의 일원이 되면 고문단이 해야 할 가장 큰 역할 중 하나가 주민들에 대한 평가뿐만 아니라 갈등을 조정하고 해소하는 것이다. 이처럼 마을의 원로에 해당하는 고문단이 갈등을 조정하는 것은 이미 전통적인 마을의 사례를 통해 충분히 학습할 수 있다.

사색의향기 명예의 전당

명예의 전당(Hall of Fame)은 위대한 업적을 남겨 지속적인
존경을 받아온 사람들을 기리기 위한 기념관이다. 각 분야별
로 명예의 전당이 있는데, 효시는 뉴욕시립대학교(브롱크스)
에 있는 기념관이다. 해당 건물은 지붕이 있는 반원형 옥외
복도이며, 길이 192m, 너비 약 3m이다. 화강암 기둥 사이에
는 선정된 사람들의 흉상이 놓여 있는데, 1900년의 G. 워싱턴,
A. 링컨, T. 제퍼슨, 1976년의 A. 카네기를 비롯하여 102명이
나 된다. 각 흉상 밑에는 성명·생년월일·사망일 및 그들이 남
긴 명언 등을 새긴 청동판이 붙어있다. 1977년 이후는 재정적
인 이유로 선정을 못하고 있지만, 일반인에게 공개되고 있다.

이밖에도 '야구 명예전당', '축구 명예전당', '아이스하키 명예전당' 등이 유명하며, 각 스포츠 단체별로 명예의 전당을 갖고 있다. 가장 널리 알려진 '야구 명예전당'에는 미국 메이저리그의 탁월한 야구선수를 선정하여 헌액하고 있으며, 배트·글러브, 기타 선수용 장비가 전시되어 있다.

우리나라도 스포츠를 비롯한 다양한 분야 및 단체에서 명예의 전당을 설정하여 탁월한 업적을 남긴 이들을 지속적으로 기리고 숭상하고 있다.

사색의향기는 행복한 문화나눔 활동을 통하여 우리 사회에 향기 나는 가치를 만들어 준 분들을 선정하여 포상하는 '향기인상' 제도를 만들어 시행하고 있다.

'향기인상'은 권력과 금력이 아닌 사회적인 착한 영향력으로 우리 사회를 행복하게 하는데 기여한 분들을 회원들이 직접 추천하고 선정하는 상으로 선정 과정을 통하여 사색의향기가 추구하는 가치를 재조명하고 있다.

'향기인상'은 정기적으로 회원들의 추천, 투표를 통한 동의를 얻어 수상자를 선정하고 해당 과정을 통하여 수상자의 활동 및 기여 부분을 회원 모두가 공유한다.

수상자로 선정되면 '향기인상' 상패와 부상(상금과 기념품) 외에 회원들이 기부한 물품을 추가로 받게 되는데 이러한 과정을 회원 모두가 공유함으로써 상의 의미를 다시 한번

새기는 동시에 사색의향기 가치를 증진시키는 계기를 만들고 있다.

또한, 수상자는 사색의향기 명예의 전당에 봉헌되며, 수상 사례들이 모여지면 사례들을 책으로 펴내 사색의향기 회원뿐만 아니라 일반 대중들과 이를 공유하게 된다.

'향기인상' 수상자는 다음과 같은 활동을 한 사람들을 선정하여 시상하고 있다.

1. 문화나눔을 계속적이고 정례적으로 실천한 사람
2. 친목과 협력을 통하여 공익적 사회관계 증진에 기여한 사람
3. 공유경제(사회적 경제) 활동으로 사회 발전에 기여한 사람
4. 사색의향기 지부, 동호회, 산하기관 활성화에 기여한 사람
5. 지속적인 지역 봉사로 주변의 인정과 칭송을 받은 사람
6. 사색의향기 발전에 직간접으로 기여한 사람
7. 기타 우리 사회 발전에 직간접적으로 공헌한 사람

한편으로는 지속적으로 진정성 있는 댓글을 나는 사람들에게 월별 '사색의향기인(人)'으로 선정하여 인증서를 수여하고 향후 사색의향기 명예의 전당에 봉헌할 기회를 제공하고 있다.

향기촌이 건설되면 커뮤니티 센터 내에 '사색의향

기 명예의 전당'을 만들어 이곳에 봉헌될 사색의향기 아너(Honour)들을 모실 것이다.

여기에는 사색의향기 아너 뿐만 아니라 향기촌 건설 및 발전을 위하여 여러 분야에서 기여한 분들도 같이 모셔서 향기촌이 사색의향기의 성지로서의 역할을 다하게 할 것이다.

이는 향기촌 창립총회 시 묻은 타임캡슐과 함께 향후 100년 이상을 지속할 사색의향기와 향기촌의 역사를 묵묵히 증언해 줄 것이다.

귀촌 문화 구축

집단 귀촌 마을을 지속가능하게 하고 구성원들을 하나로 만드는 문화의 융성이 절실히 필요하다. 오늘에 되살릴만한 마을의 전통문화를 복원하고 사시사철 절기에 따라 마을공동체를 풍성하게 하는 축제를 통해 미래 세대에 힘과 희망을 주는 꽃대(시니어 세대)와 미래의 큰 나무로 성장해갈 떡잎 세대의 대들보인 떡대(청소년 세대)의 세대 공감 융합 문화를 만들어가야 한다.

경쟁력으로서의 문화

문화가 이렇게 인구에 회자되는 시대는 일찍이 없었다. '21세기는 문화의 시대'라고까지 불리고 있다. 어느 경영학자가 "경영의 정의는 경영학자의 수만큼 많다."라고 말한 바 있듯이 문화에 대한 정의 또한 한마디로 정의하기는 쉽지 않다.

문화에 대한 개념은 모호하고 다양한 의미로 사용된다. 전통문화, 지역문화, 통기타문화, 독서문화, 장례문화, 아줌마문화, 음주문화, 사교문화, 놀이문화, 고스톱문화 등 문화가 아닌 것이 거의 없다. 문화와 관련한 업적을 남긴 대가 및 석학들의 문화에 대한 생각을 엿보면 다음과 같다.

앙드레 말로는 "문화라는 것은 왜 자신이 거기에 있을까 하는 물음에 답하는 것이다." (인생의 근원적, 본질적 물음에 답하는 것이다)

고갱은 "우리는 어디서 왔는가? 우리는 어떤 사람인가, 우리는 어디로 가고 있는가."

오귀스탱 지라는 "문화는 거부이며 투쟁이며 싸움이다. 안일에 대한 거부이며 쾌락에 대한 투쟁이며 더 의미 있고 가치 있게 살려는 자기와의 싸움이다."

엘 시스테마의 창립자 호세 안토니오 아브레우 박사는 "Play & Fight. 연주하고 싸우는 것 이것이 엘 시스테마의 모토이다. 예술을 통해 지금보다 더 나은 사람이 되기 위해 자기 자신과 싸우자는 것이다."라고 말하고 있다.

광의의 문화 개념은 문화를 문화인류학적 사회학적 관점 또는 문화를 생활양식으로 이해하는 시작에서의 문화를 정의하고 있는데 '문화는 사회구성원으로 인간이 획득한 지식, 신념, 예술, 도덕, 법, 관습 그리고 다른 능력 및 습관(에드워드. B.테일러), 즉 인간의 생활양식의 총체'라고 정의하고 있다. 또한, 1982년 멕시코시티에서 개최된 유네스코 세계 문화 정책회의에서는 문화를 '사회와 사회집단을 특징짓는 뚜렷한 정신적, 물질적, 지적, 정서적 특성의 총체'로 규정한 바 있다.

1990년대 후반 우리 사회는 지식기반 사회, 정보화 사회로 진입하면서 사회의 가치 패러다임이 산업생산에서 문화산업, 창의 산업사회로 급격히 변화하면서 창조성, 문화적 감수성이 가치 창출, 이익창출의 중요한 원천인 동시에 미래사회의 성장 동력으로 문화 콘텐츠의 중요성이 크게 부각되었다.

즉, 1990년대 전반 문화는 주로 정신적 가치, 사용가치로만 그 중요성이 인식되었지만, 지식기반 사회로 들어서면서 사용가치뿐만 아니라 교환가치(경제가치)가 크게 중요성을 갖게 되어 문화는 산업이자 경제라는 사회적 인식이 확산되기 시작했다. 또한 문화가 개인적인 삶을 풍요롭게 할 뿐만 아니라 한 국가, 지역의 격과 품위를 높이고 매력을 증대시키는 원동력으로 인식되기 시작한 것이다.

　　현대사회에 있어서 문화의 의미는 종래 문화가 권력자나 부유한 자의 전유물이나 사치로 여겨진 반면 오늘날의 문화는 그 사회를 사회답게 하는 가장 본질적이고 근본적이며 중추적 요소로 자리매김하였다. 또한, 문화 그 자체가 인간에게 고유한 가치라는 점에서 질적인 우수성을 유지하고 발전시키는 것이 중요하다. 이처럼 문화는 다양한 인간의 본질이자 근원이기 때문에 문화의 주체는 우리 한 사람 한 사람이고, 모든 사람이므로 문화는 인간의 품위를 위한 단순한 장식물이 아닌 기본권으로서의 인간적 권리인 문화권으로 간주되고 있다.

문화의 중요성은 아무리 강조해도 지나치지 않다.

국가적인 차원에서 보면 국가경쟁력의 원천으로 우리의 역사를 이끌어 온 힘이 바로 문화였다. 미국의 경우, 미국을 이끄는 두 개의 축은 경제의 축 동부의 Fire 산업과 문화의 축인 영상 산업이며 뉴욕은 재정의 25%가 문화산업에 의존하고 있다.

　　토니 블레어 전 영국 수상은 문화의 중요성을 언급하면서 "과거의 대영제국이 아니라 창의 산업으로 대영제국이 될 것이다."라고 말한 바 있고, 중국과 일본도 문화산업 정책의 중요성을 깊이 인식하고 있다. 문화가 가지는 사회통합의 기능, 커뮤니티의 기능, 국가, 도시 활력의 기능을 매우 중요시 하고 있는 것이다.

개인의 경우, 주 5일제, 고령화, 임금수준의 향상으로 인해 문화 욕구가 증대하였고 개인의 창의성이 지역사회에 다양성과 국가의 역동성을 만드는 근간임을 깨닫기 시작했다. 따라서 100세를 살려면 재테크뿐만 아니라 문화테크가 필요하며 나이가 경쟁력이 되려면 개인의 문화 경쟁력이 중요하다는 데 이론의 여지가 있을 수 없다.

향기촌은 도시 정서를 갖고 있는 주민들이 만들어내는 향기 나는 독창적인 문화가 마을공동체의 경쟁력을 제고할 것이다. 이를 통하여 구성원들이 살맛 나는 지속가능한 행복한 마을공동체로 자리매김할 것이다.

'생태적 삶' 추구하는 귀촌 문화

귀농 귀촌이 경제적 관점, 낭만적 관점에서 이루어진다면, 문화 귀촌은 문화적 방식, 개인의 삶을 다시 디자인하는 것과 지역재생을 결합하는 것이라고 할 수 있다. 지역에서 문화적으로 살기 위해서는 단지 직업을 얻거나 마을 만들기를 하는 차원의 결합이 아닌 윤리적, 미학적 차원에서 변화와 문화적, 경제적 실천의 준비가 필요하다.

나의 인생, 삶을 근본적인 차원에서 다시 디자인하는 것과 그 삶의 배경을 변화시키는 노력은 병행되어야 한다. 그 방법은 다양할 수 있다.

귀농은 유기농업이나 생태농업의 신념을 가지고 대안적인 공동체에 대한 꿈을 꾸던 이들을 중심으로 90년대 이후부터 지속적으로 있어 왔다. 하지만 본격적인 흐름은 1996년 12월 전국귀농운동본부가 만들어지면서 시민운동 차원에서 시작되었다.

1997년 12월 외환위기로 인해 시작된 IMF(국제통화기금) 구제금융 요청으로 촉발된 금융/재정 긴축과 대규모 구조조정은 해고나 명퇴(명예퇴직)를 당한 50~60대가 U턴이나 J턴을 하는 계기가 되었고, 그 여파로 사회적 차원에서 실체화되었다. U턴(농촌에서 살다가 서울로 학업과 직장을 위해서 올라왔다가 다시 고향으로 내려가는 경우), J턴(농촌에서 살다가 서울로 학업과 직장을 위해서 올라왔다가 태어난 곳과 다른 지역으로 내려가는 경우), I턴(도시에서 태어나 살다가 농촌으로 내려가는 경우)로 나타났다.

그 후 10년이 지나서 신자유주의의 결과로 일어난 2007년 전 세계 금융위기는 한국에서 저축과 펀드와 부동산을 통해 부를 늘려가던 부동산 신화의 붕괴를 가져왔고, 20~30대 청년들로 하여금 근대/현대의 이념인 도시화와 산업화, 정보화를 통해서 만든 세상이 그리 행복하지 않다는 것을 경험하게 했다.

전국적으로 모든 지역에서 조속한 고령화와 청년 인력의 대도시 유출로 인해 인적 활력이 떨어지고 있다. 서울, 부산 이외의 대부분 지역은 구직을 위해, 학업을 위해 청년들이 도시로 떠나 지역 인구 대부분이 감소 추세에 있다.

이런 상황에서 새로운 전환점이 생기고 있는데 진안-거창-해남-강진 등 귀농이 활발하게 이루어지는 마을과 제주도에서는 감소 추세에 대한 역전 현상이 일어나고 있다.

대도시에서 텃밭 하나 없는 상자 집, 작은 집에 자신을 맞춰서 살아야 하고, 산과 바다로 가려면 2시간 이상 차를 타고 달려야 하며, 주말에 산이나 한강을 가더라도 너무 많은 사람들에 치여 지쳐버리는 현실을 더 이상 유지하고 싶지 않다는, 대도시에 지친 영혼의 즉각적인 거부인 면도 있다. 여러 시기마다 또 여러 측면에서 문명에 대한 회의, 도시의 속도에 대한 반감이 귀농 귀촌을 선택하게 하고 있다.

양극화 체제에서 도시는 상위 20%를 위해 하위 80%가 지탱하는 시스템으로 만들어져 있다. 시스템적으로 설계된 도시에서 개인적 실천으로 일상생활을 바꾸는 것에는 한계가 있음을 깨닫고, 그 또한 쉽지 않다는 점을 직시하고 지역으로의 이주 즉 귀촌을 결심하는 것이다.

농민운동이나 생태운동의 한 지류로서, 또한 귀농이 아니라 자연 가까이에서 생태적 삶의 방식을 실천하며 지역을 변화시키고 새로운 삶을 살고 싶어 하는 사람들이 택하는 대안적 장소로 '지역'이 등장한다.

또한, 문화적 귀촌은 소비적 대도시 근대의 공간 구조와 관계 방식에 대해 성찰하기 시작한 사람들로부터 시작되었다. 도시에서 산업사회를 위해 청년기를 모두 내놓았던 40~50대들이 노동 소외의 구조와 다른 삶을 모색하려고 한다. 도시에서 구겨진 인생이 아니라 생태적 가치와 지속가능한 방식을 실험하려는 20~30대도 늘어나고 있다.

이들의 공통점은 지역의 관점에서 보면 모두 젊다는 점이다. 지역 측면에서 본다면 지역재생, 마을 만들기, 친환경 농업, 소농경작, 생산자 협동조합이 '흐름'이 되려면 지역의 문화적 가치를 새롭게 만들고 창조해갈 수 있는 '사람'이 절대적으로 필요하다. 지역의 문화자원을 발굴하고, 의미화하고, 소통 가능한 형태로 만들면서 공동체의 소통과 협력을 강화할 수 있는 문화적, 경제적 실천을 할 수 있는 사람을 절실히 필요로 하는 것이다.

도시 지역을 탈피하여 농촌 지역에서 생태적 탈 근대

화를 조금씩 만들어 갈 때 귀촌 지역은 대도시의 의식주 공급처나 생산기지 혹은 관광 상품이 아니라 풍부한 삶의 장소로 전환하게 될 것이다. 그리하여 향후 10년, 20년 후에는 보다 많은 이들이 지역을 중심으로 지속가능한 삶의 원형을 찾을 수 있게 될 것이고, 그들을 중심으로 현대 사회의 문제를 풀 수 있는 실마리를 제공하는 재생, 회생 문화를 만들어 갈 수 있을 것이다.

　　향기촌은 과거 한국의 전통마을과 현대의 도시형 정서를 갖춘 귀촌 마을로 명품 문화마을을 만들어 갈 것이다.

Chapter **3**

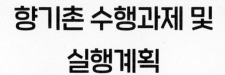

향기촌 수행과제 및
실행계획

환경과 생명

인류는 지구라는 땅에서 태어나 이곳을 떠나서는 결코 생존할 수 없다. 지구는 인류를 비롯한 모든 생명들의 존재의 원천이며, 양식이며 공동의 생활 터전이다. 지구라는 행성의 생명 진화사에 비추어 볼 때 인간의 역사는 극히 짧다.

인류는 진화하는 과정에서 인간 이외의 모든 존재들을 도구적 가치로 취급하고 정복하는 데 급급하였다. 그 결과 인간의 고유한 생존양식으로 인식할 수 있는 '문화'와 인간 이외의 존재들을 정복하는 기술인 '문명'을 지속적으로 발전시켜 왔다.

과학기술문명의 지속적인 발전은 인류를 물질적 빈

곤, 사회적 억압 및 지적 어둠으로부터 점진적으로 해방시켜 왔으나 반면에 축복으로 믿었던 문명이 쓰레기, 공기와 하천의 오염, 지구온난화 등으로 인한 심각한 환경오염을 야기했고, 무제한적 개발과 소비가 초래한 자원의 고갈 등으로 자연을 급격하게 황폐화시켰다.

이는 자연의 생태계를 파괴하고 수많은 종의 동물들을 멸종시키고 급기야는 인간의 존속 자체마저도 커다란 위험에 직면하게 만들었다.

상기한 위기를 극복하기 위해서는 인간이 자연을 정복하고 약탈한 바탕에 이룩한 문명에 대한 근본적 반성으로부터 출발하여 자연과 환경의 문제가 인간 존재의 문제와 직결된다는 인식하에서 과학기술문명이 낳은 부정적 결과에 대한 철학적 전제의 반성과 올바른 자연관을 확립해야만 한다. 이를 위해서 인간중심주의나 생물중심주의를 넘어선 에너지와 물질 중심주의의 영역까지 확장해야 하며 이렇게 할 때에만 비로소 생태계에 깃든 생명의 문제를 제대로 인식하고 생태계 보전을 위한 인간의 역할과 책임 부분을 명확히 할 수 있다.

향기촌은 자연생존과 인간생존 가운데 하나를 더 중심에 놓고 그중 어느 하나만을 택하는 것이 아니라 둘이 공존할 수 있는 길을 찾으려고 노력할 것이다. 이러한 관점은 자연을 '인류의 삶의 생물학적 및 문화적 삶의 조건'이라고 인식하고

자연을 결코 황폐화시키지 않는 범위 내에서 '지속가능한 개발
(sustainable development)'을 해야 한다는 입장을 취하는 것
이다. 앞서 언급한 '인간중심주의'와 '생명중심주의'의 균형과
조화를 추구하는 '공존주의'를 지향한다.

　　　공존주의는 '인간중심주의'와 '생명중심주의'의 극단적
인 대립성을 거부하고 균형과 조화를 이룰 수 있는 절충점을
모색한다. 이러한 관점이야말로 현재 인류가 직면하고 있는
환경문제, 기술 문명의 위기를 극복할 수 있는 유일한 철학적
바탕이라고 생각한다. 이것은 지속가능 발전방안 중 〈향기촌
철학〉에서 제시한 '인본(人本)과 생본(生本)에 바탕한 접화군
생(接化群生)'과 그 맥을 같이하는 것이다.

생태 지향적
친환경 구축 방안

'소비'가 인간 행복의 주요 척도가 되어버린 현대문명 하에서 우리의 삶은 쓰레기를 지속적으로 발생시킬 수밖에 없는 한계를 지니고 있다. 그러나 거대한 자본주의 소비문화에서 야기되는 막대한 쓰레기양은 자연의 자체 정화능력의 한계를 초과한 지 이미 오래다. 그 결과는 오래 전부터 대기오염, 수질오염, 토양오염, 지하수오염의 형태로 나타나고 있으며 이제는 한 나라의 국지적 문제를 떠나 지구적 차원의 문제로 확대되고 있다.

세계의 주요 국가들은 환경오염 문제의 해결과 방지를 위해 엄청난 사회적 비용을 지출하고 있으며 그 비용은 점점 늘어날 전망이다.

높아져 가는 현대인의 쾌적한 생활환경에의 욕구와 점점 강화되고 늘어가는 세계의 주요 환경협약들은 이제 환경문제가 더 이상 부차적이고 비생산적인 요소로 치부될 수 없는 국가적 차원의 과제로 떠올랐음을 상기시켜 준다.

그러나 국가적 차원에서 다루는 환경대책의 한계 또한 명백하다. 날로 발전하는 현대 물질문명과 소비문화의 자본주의 체제하에서 그 배설물의 양과 질은 나날이 급증하고 악화되는데 반해 그 처리를 위한 환경 기술과 사회적 기반은 언제나 현실에 뒤처질 수밖에 없기 때문이다.

오염물의 가장 일차적인 발생원인 인간 개개인의 생활 속에서 환경문제 해결의 실마리를 찾을 수밖에 없는 이유가 여기에 있다. 따라서 향기촌은 다음과 같은 생태 지향적 친환경 구축 방안을 제시하고 이를 실천하기 위해 지속적으로 노력할 것이다.

쓰레기 제로 추진

생활 속에서 과연 어느 정도까지 쓰레기를 줄이며 친환경적 삶을 살 수 있는가? 그리고 그 과정에서 현실적으로 부딪치게 되는 사회 구조적인 문제점은 어떤 것인가? 그 친환경적 삶의 양식은 어떠해야 하는가?

쓰레기 제로는 단순한 쓰레기 문제 해결에만 국한된 것이 아니라 인간 생활 전 영역에 걸치는 소비 활동과 에너지 사용의 분야와 연관되어 있다.

쓰레기 제로와 관련한 영역과 가능한 활동은 크게 다음과 같이 구분될 수 있다.

생활 쓰레기 발생의 제로화와 재활용

○ 친환경적 소비생활

○ 쓰레기 성상 조사 : 쓰레기 집하장에 배출된 생활 쓰레기의 내용물 확인

○ 쓰레기의 분리수거 및 철저한 재활용

○ 일회용품의 사용 절제

○ 화장실 휴지 및 일회용 생리대 대신 뒷물하기와 면 생리대 사용하기

음식물 쓰레기 제로화 및 퇴비화

○ 장바구니 사용하기(투명망/방수망 이용)

○ 음식물을 100% 활용한 조리

○ 음식물 찌꺼기 안 남기기

○ 지렁이 화분을 이용한 퇴비화

물 절약과 재활용

○ 합성세제 대신 쌀뜨물, 채소 데친 물 재활용

○ 중수통을 이용한 화장실/세탁용수 절감

에너지 절약

○ 저에너지 생활

이처럼 다양한 영역에 걸친 쓰레기 제로의 성공적 수행은 다음과 같은 전략과 행동원칙이 필요하다.

수행 전략과 행동원칙

생활양식 및 가치관의 전환

오늘날 생활폐기물은 대부분 개개인의 사적인 활동영역에서 발생한다. 사회 시스템적으로 제아무리 폐기물의 수거와 재활용 여건이 잘 마련된다 하더라도 사회구성원 개개인의 생활양식과 가치관이 비환경적이라면 쓰레기 제로의 가능성은 요원할 수밖에 없다. 즉 친환경적인 인간의 생활양식과 가치관이 무엇보다도 절실히 요구되는 것이다. 쓰레기 제로를 향한 생활양식과 가치관의 전환이 필요하다.

우선 편리함을 추구하는 삶에서 불편함을 즐기고 감수하는 삶으로 가치관을 바꿔야 한다. 지나치게 편리함을 추구하는 일회용품 등은 잠시의 이용 시간이 지나면 그대로 폐기물로 버려진다. 때문에 다소 불편함을 감수하더라도 일회용품 사용은 최대한 억제해야 한다.

다음은 절약의 정신을 넘어서는 공경의 정신으로의 전환이 필요하다. 과도한 소비는 그 자체로 막대한 자원과 에너지의 낭비일뿐더러 그로 인해 발생하는 환경오염은 단순히 인간 생활환경의 파괴에 그치는 것이 아니라 인류를 포함한 모든 생명체들이 살아가는 생명 부양 환경(Life support systems)마저 위협하는 결과를 낳는다.

절약은 단순한 인간 경제의 차원을 넘어 오늘날 위협받고 있는 생명 부양 환경과 인류와 동등하게 지구상에서 생존할 권리를 갖는 수 많은 생명체들을 보듬는 일이다. 절약 정신야말로 우리 자신을 포함한 모든 살아있는 생명체들을 공경하는 상생의 정신임을 명심해야 한다.

시스템과 구조설비의 변화

쓰레기 제로를 원활히 추진하기 위해서는 이를 위한 설비와 시스템을 제대로 갖추어야 한다. 분리수거 쓰레기통 준비 및 각종 재활용품의 수거 체계 등은 그 좋은 예이다. 이밖에도 중수통, 뒷물 시스템, 지렁이 화분 등이 이에 해당한다.

　　사후 조치보다는 사전 예방적 관점으로 전환

　　쓰레기 발생이 예견되는 모든 활동은 사전에 쓰레기 제로 정신에 입각해서 발생하는 쓰레기를 최소화해야 한다.

실천 가능한 방안

　　철저한 분리수거와 재활용

　　쓰레기는 쓰레기 분리수거 전용함을 마련하여 필요한 곳에 비치하고, 분리수거함은 세분하여 일반 쓰레기와 페트병, 유리병, 금속류, 플라스틱, 스티로폼 등의 재활용품을 제각각 따로 모으고 다량 발생하는 재활용 종이류는 따로 대용량 수거함을 마련하는 것이 효과적이다. 일반 쓰레기는 매일 발생량과 성상을 기록하여 기록을 유지하는 것이 필요하며 재활용품은 일정 기간마다 정리 처분한다.

　　일회용품 사용금지

　　일회용 종이컵을 위시한 모든 종류의 일회용품은 최대한 사용을 금지한다.

　　캔 및 페트병 이용금지

캔류 및 페트병의 재활용은 비슷한 목적으로 이용되는 유리병의 재활용보다 훨씬 많은 에너지가 소모된다는 점을 감안하여 최대한 이용을 줄인다.

포장 비닐의 반입 제한

쓰레기 성상 조사 결과에 따르면 생활 쓰레기 중 비닐이 차지하는 비율이 매우 높은 것을 알 수 있다. 따라서 불필요한 포장비닐은 반입을 금지하고 물품 구입 시 장바구니를 이용하고 포장된 음식물의 경우 패킹 용기 등을 이용하여 내용물만 담아오는 형태로 이용한다. 장바구니는 휴대가 간편한 투명망, 방수망을 활용하면 효과적이다.

업사이클링(Up-cycling)

현대사회에는 대량생산, 대량소비와 그로 인하여 지나치게 많이 발생되는 폐기물의 문제에 이르기까지 환경을 저해하고 자원을 낭비하는 요소들이 산재해 있다. 그리고 그로 인한 생태계 파괴는 고스란히 인간에게 막대한 피해를 끼치며 되돌아오고 있고, 이러한 악순환은 앞으로도 심화될 것으로 보인다.

다양한 환경문제와 자원고갈의 위협 속에 살고 있는 우리가 생각해야 할 개념은 분명하다. 더 이상의 폐기물 증가를 방지하고 그것을 적극적으로 자원으로 활용해야 한다는 것이다. 폐기물 처리 패러다임의 변화가 어느 때보다 주목되는 시점이다.

기존 재활용의 한계

첫 번째, 소비자에 의한 자발적인 재활용에는 한계가 있다.
우리나라의 소비자들은 플라스틱류에 붙어있는 재질 분류 표시와 재활용품목 마크에 대한 적절한 교육을 제대로 받지 못했다. 그뿐만 아니라 분리수거에 대한 호응은 높으나 분리 수거된 폐기물이 제대로 활용되는지에 대한 지방자치단체 및 시설의 정보제공이 부족하며 이에 따른 소비자들의 불신이 높다.

두 번째, 경제성, 환경성, 시장성을 모두 지닌 제품이 부족하다.
경제성과 환경성은 어느 정도 갖추고 있지만, 다수의 재활용품은 적절한 시장성을 지니고 있지 못하다. 지방자치단체에 의해서만 정부의 지침에 따라 의무적인 재활용품 구입이 이뤄지고 있는 실정이며, 실질적으로 소비자들의 적극적인 관심과 호응을 이끄는 제품은 부족하다.

세 번째, 환경정보 전달이 효과적으로 이뤄지고 있지 않다.
재활용 소재의 사용은 증가되고 있으나, 소비자에게 환경정보의 전달은 제대로 이뤄지지 않아 소비자들의 폐기물에 대한 인식 변화를 이끌지는 못하고 있는 실정이다. 기존의 재활용품의 한계를 극복하고 폐기물이 자원으로 순환될 수 있는 대안이 필요하다.

업사이클링의 정의 및 특징

업사이클링이란 용어는 1994년 독일의 디자이너인 '리너 필츠
(Reiner Pilz)'가 처음 사용했다. 그는 한 인터뷰에서 '업사이
클은 낡은 제품에 더 많은 고부가가치를 부여하는 것'이고, 환
경을 위해서는 리사이클링보다 업사이클링이 필요하다고 주
장한 바 있다.

　　　업사이클링은 생활 속에서 버려지거나 쓸모없어진 것
들을 수선해 재사용하는 리사이클링(Recycling)의 상위 개념
이다. 기존에 버려지던 제품을 단순히 재활용하는 차원에서
더 나아가 새로운 가치를 더해(upgrade) 전혀 다른 제품으로
다시 생산하는 것(recycling)을 말한다.

　　　예를 들어 재활용 의류 등을 이용해 새로운 옷이나 가
방으로 만들거나, 버려진 현수막을 재활용하여 장바구니로 만
들거나, 음식물 쓰레기를 지렁이 먹이로 활용하여 얻은 지렁
이 배설물 비료 등이 이에 해당한다.

　　　업사이클링의 특징은 다음과 같다.

○ 가치 상향형 재활용 방식

○ 물질적 풍요를 누리면서 폐기물을 없앰

○ 쓰레기가 자원이 되는 순환형 구조

○ 기존의 재활용제품의 부정적 선입견 개선

○ 소비자의 친환경 소비 자극 및 의식개선

○ 정부와 기업의 적극적 참여 독려

업사이클링의 활용

업사이클링은 디자인과 밀접하게 연관되어 있다.

제품의 가치를 높일 수 있는 부분 중 하나가 바로 디자인이기 때문이다.

재활용할 물품을 원료로 되돌리는 공정 없이, 필요 없는 물건을 더 가치 있게 만든다. 매립되거나 소각되어 버리는 쓰레기의 양을 줄이고, 재가공에 들어가는 추가적인 자원의 낭비를 방지한다.

해외 사례를 보면 커피 찌꺼기가 양질의 퇴비로 활용되기도 하지만, 스페인의 '디카페(Decafe)'라는 업체는 커피 찌꺼기를 이용하여 고급스런 램프로 제작하기도 했다.

폐목재도 많이 쓰이는 소재 중 하나다. 바닥 마감재

인 플로어링(Flooring)을 일부 재활용해 나무 시계를 제작하여 판매하는 이탈리아의 '위우드(Wewood)'나 주로 폐가구를 이용해 독특한 패션 생활가구를 제작하는 독일의 '쯔바잇신(Zweitsinn)'도 대표적인 업사이클 기업에 포함된다.

특히 이탈리아는 폐기물에 디자인을 접목시키는 'Resign(Recycling+ Design)'을 소개하여 디자인 강국의 면목을 보여주고 있다. 이탈리아 북동부지역의 한 도시는 리자인 산업에 적극적이어서 '리자인의 도시'로 불린다.

이 '리자인'은 인근의 프랑스, 스페인, 포르투갈 등 유럽 지역 전역으로 확산되고 있는 중이다. 북미 지역은 주로 인간에 의한 환경오염을 지적하는 에코 크리에이터들에 의해 업사이클 브랜드(Holstee, Ecoist 등)가 설립되었고, 이들이 만든 상품들이 환경문제에 관심이 많은 소비층을 중심으로 판매되면서 윤리적 소비문화의 확산에 기여하고 있다.

이들 기업의 성공적인 사업 안착은 단순히 업사이클 제품의 환경적, 사회적 가치를 소비자에게 호소하는 것에 그치지 않고, 제품의 기능성과 실용성, 심미성을 구축하고, 상품의 경쟁력을 이용하여 기성 제품들과 정면 승부해 얻은 결과이다.

국내에 처음으로 업사이클링 용어가 등장한 시기는 2006년이다. 2006년 '아름다운 가게'가 업사이클 브랜드인 에코파티메아리(eco party mearry)를 만든 것이 첫 시작이라고 할 수 있다.

이후 터치포굿(touch for good)이나 리블랭크(reblank) 등의 업사이클 브랜드가 나오고 있으나, 앞에서 언급한 것처럼 산업적인 측면에서 아직은 미미한 수준에 머물고 있다.

국내에서도 점차 소비자들의 관심과 수요가 증가하면서 업사이클링 시장도 확대되는 추세인데 2016년에는 '업사이클링'이 트렌드가 되면서 빠른 속도로 퍼지고 있다.

하지만, 여전히 소규모 제조업체가 대부분이고, 인지도가 낮다. 관련 산업의 인프라를 구축하고, 업사이클링 문화에 대한 인지도를 높이는 등의 과제가 여전히 남아 있다.

생활에서 볼 수 있는 업사이클링 사례를 보면 다음과 같다.

타이어로 신발 밑창 만들기, 현수막으로 에코백 만들기, 낡은 항공기로 가구 만들기, 스케이트보드의 낡은 판자로 일렉트릭 기타 만들기, 오래된 티셔츠로 카펫 만들기 등이다.

이밖에도 코르크 마개나 컵홀더를 모아서 냄비 받침대 만들기, CD케이스에 사진을 넣어 액자로 쓰기, 버려진 전선이나 나무를 책꽂이로 쓰기, 장화나 분유 용기를 화분으로 쓰기, 헌옷으로 양말, 인형 만들기, 커피 찌꺼기와 유기물로 퇴비 만들기 등등, 알뜰하고 효과적인 업사이클링 활용법은 많다.

사회적 경제와
지역 화폐

사회적 경제 개념은 시장경제를 더 사회적이고 공평한 체제로 전환할 대안으로 대두되었는데 기업(기업의 사회적 공헌), 결사체(노동조합, 협동조합, 상호공제조합), 공공규제(사회적 입법 등)의 3가지 범주를 가지고 있다.

유럽을 중심으로 경제구조 조정, 대량실업, 빈곤 확대 등으로 인해 복지국가가 심각한 위기에 처하면서 이에 대한 Solution으로 사회적 경제[10]가 주목을 받기 시작하였고, 특히 2000년대 후반 미국발 경제위기와 세계적인 금융자본주의의 한계가 지적되면서 '글로벌 대안경제 체제'

10
사회적 경제라는 용어는 1830년에 프랑스 자유주의 경제학자인 샤를 뒤누아(C. Dunoyer)가 처음 사용하였고, 1900년경에는 프랑스 경제사상가 샤를 지드(C. Gide) 등에 의해 논의된 후부터 더욱 빈번하게 사용되었다.

에 대한 모색 과정 중에 협동조합과 같은 사회적 경제가 급속히 부각되었다.

우리나라의 경우는 2007년 '사회적 기업법' 제정, 2010년 마을기업 육성, 2011년 '협동조합기본법' 제정 등을 통해 고용노동부, 행정자치부, 기획재정부, 농림축산식품부 등과 같은 중앙정부에서 '사회적 경제 공동체 지원사업'을 추진하기 시작하면서 전파, 확산되었다.

사회적 경제는

① 이윤추구보다는 구성원 또는 지역공동체에 대한 서비스 제공이 일차적 목표이며,

② 공공프로그램과는 다른 자율적인 운영방식,

③ 민주적 의사결정 방식,

④ 자본과 이윤의 분배보다는 사람과 노동을 우선시한다는 4가지 원칙에 기반하고 있다.

이를 바탕으로 사회적 경제를 정의하면,

① 이윤보다 공동체의 이익을 우선하고,

② 자체적인 기업 활동을 수행하는,

③ 풀뿌리 시민들의 자발적인 조직에 근거한 경제 체제라고 할 수 있다.

　　사회적 경제를 바라보는 관점들을 살펴보면, 사회적 경제가 자본주의를 변화시키는 대안으로 기능하며, 사회적 재생산 영역을 담당하며, 국가와 시장을 보완하는 사회경제적 역할을 강조하며 취약계층 고용 창출, 사회서비스 제공 등을 통해 사회경제적 기여를 한다는 긍정적인 관점이 있다. 반면에 사회적 경제가 신자유주의의 대리인 역할로 전락할 것이라는 부정적인 관점도 동시에 존재한다. 사회적 경제 활성화는 지역사회에 상당한 긍정적 영향을 미친다. 즉, 지역혁신을 기대할 수 있으며, 지역사회의 민간 주도성을 회복하고 민간 부문의 역량과 기반을 강화시키며, 지역경제의 공공성을 확보할 수 있게 하며 아울러 지역사회의 지속가능성을 제고한 사회적 경제 부문의 주요 영역으로는 사회적 기업, 마을기업, 협동조합, 농어촌공동체회사, 자활기업으로 구분할 수 있는데 특히 귀농·귀촌이 이루어지는 농촌공동체에서 자신들의 기술, 경험 등을 활용하여 사회적 경제의 활성화에 크게 기여할 수 있다.

　　향기촌은 주민들의 사회적 관계에 기반을 두고 행복한 마을 공동자체를 만들어 가는 귀촌 마을임을 여러 자료에서 밝힌 바 있다. 향기촌의 지역화폐 컬피코인(CULPPY COIN)을 만든 이유도 사회적 경제의 바탕 하에서 마을공동체의 구성원들이 재화나 용역을 품앗이하는 자율적 공유경제 네트워크를 만들기 위해서였다. 또한, 이를 통하여 마을 자산의 유출을 방지하고 협업과 협력의 사회적 경제를 도모하는 가운데 마을공동체적 가치를 드높일 수 있다.

이렇듯 마을공동체 기반에서 운영되는 사회적 경제는 시장에서 수요자와 공급자가 이윤을 위해 만나는 것이 아니라 사회적 관계에서 만난 주민들 간의 신뢰를 기반으로 실현되지 않은 필요와 욕구를 충족시키고 이를 공유하게 하는 것이다.

향기촌은 기획단계에서부터 시장경제 공간인 도시를 벗어나서 대안적 신뢰관계의 마을공동체를 구축하고 발전시키는 과정에서 사회적 경제를 활성화하고자 하였다. 그 구체적인 방법으로 앞서 언급한 사회적 기업, 마을기업, 협동조합, 농촌공동체회사, 자활기업 설립을 계획하고 있다.

예를 들면, 사업장이 필요한 경우 5명 이상의 주민이 마을기업을 설립하여 지자체의 지원을 받아 사업장을 확보할 수 있고, 노동력이 필요한 사업이면 5명 이상의 주민이 협동조합을 설립하여 사회적 기업으로 등록하고 이에 따른 인건비 수혜를 받아 경쟁구도가 아닌 호혜적 관계의 사회적 경제를 실천할 수가 있게 되는 것이다.

따라서 향기촌은 주민들이 하고 싶은 일을 독점적으로 하도록 보장하는 한편 협력을 통해서도 사업을 영위하게 함으로써 사회적 경제를 구현해 나갈 것이다. 사회적 경제는 향기촌이라는 사회적 생명체에 생명력을 불어넣고 나아가서 성장시키고 발전시키는 역할을 할 것이다.

지역공동체 안에서 물건과 노동력을 주고받는 지역화폐는 특정 상품에서 상환될 수 있는 돈을 의미한다. 여기에는 금, 은, 물, 기름, 음식과 같은 고정된 양의 상품을 신뢰를 가지고 교역할 수 있는 토큰 코인으로 이루어진 돈에서부터 물리적이지 않은 디지털 증명도 포함한다. 지역화폐의 연원은 1983년 캐나다 코목스 밸리 마을로 거슬러 올라간다. 당시는 공군기지 이전과 목재산업 침체로 마을에 경제 불황이 닥쳐 실업률이 18%에 이르러 현금이 없는 실업자들은 살아가기 힘들게 됐을 때 컴퓨터 프로그래머였던 주민 마이클 린턴이 녹색달러라는 지역화폐를 만들어 주민 사이에 노동과 물품을 교환하게 하고 컴퓨터에 거래 내역을 기록했다.

세계 곳곳에서 피어나고 있는 지역화폐제도 레츠(LETS : Local Exchange Trading System)의 시작이다. 레츠가 가장 활발한 나라는 호주다. 호주 카툼바 지역의 블루 마운틴 레츠는 90년대 세계에서 가장 규모가 큰 레츠로 꼽혔는데 에코(Eco)라는 지역화폐가 통용되어 시행 2년 만에 1200명 이상의 회원이 한 달에 800차례 이상의 거래를 했다고 한다. 일본 도쿄의 다카다노바바 지역 상점 사이에선 '아톰 통화'가 쓰이는 걸로 유명한데 만화 주인공 아톰이 그려진 지역화폐로 자기 젓가락을 가져와 쓰거나 쇼핑백을 반납하는 고객 등에게 비용 일부를 돌려줄 때 사용되고 있다.

우리나라는 1996년 〈녹색평론〉에 그 개념이 처음으로 소개된 뒤 1998년 3월 '미래를 내다보는 사람들의 모임(미내사)'에서 '미래화폐'를 만들면서 시작되었다. 현재 가장 대표적인 사례로는 대전의 한밭레츠에서 통용되는 노동화폐인 '두루'가 있는데 노동이나 물건을 다른 회원과 거래하고 두루를 벌어 갚는 식으로 사용되고 있다.

지역화폐는 당장 돈이 없어도 서로에 대한 신뢰를 바탕으로 필요한 것을 채울 수 있고 필요한 것을 나눔으로써 돈의 많고 적음을 떠나 함께 행복을 누리자는 공동체 의식의 발로라고 볼 수 있다. 또한, 공동체 의식을 강화하며 이해집단·세대·계급 간 장벽을 허무는 역할도 한다. 지역화폐를 통해 지역 내 거래를 활성화하면 복잡한 유통단계를 거치며 나타나는 에너지 낭비와 폐기물 발생을 줄일 수 있다. 우리는 물건을 소비할 때 지구상 어딘가에 생태적 발자국을 남기게 되는데 지역 내 거래가 활성화되면 생태적 발자국을 직접 눈으로 확인할 수 있어 환경오염을 적극적으로 막을 수 있다.

지역화폐는 문화적이며 인간적인 측면도 지니고 있다. 지역화폐를 통하여 사람들은 모두를 경쟁자가 아니라 공유자원으로 인식하게 되며, 지역화폐에 참여하는 사람은 저마다 독특하고 창의적인 사람이 될 수 있다.

향기촌이 지역화폐 컬피코인(CULPPY COIN)을 만든 이유도 앞에서 언급한 것처럼 마을공동체의 구성원들이 재화나 용역을 품앗이하는 자율적 공유경제 네트워크를 만들기 위해서이다. 컬피코인은 주민들의 사회적 관계에 기반을 둔 행복한 마을공동체 향기촌을 만들기 위한 가장 기본적인 바탕, 즉 후반기 인생을 영위하는데 필요한 재원의 결핍으로 인한 공포로부터 안심하고 살 수 있는 기반을 제공한다.

또한, 마을 자산의 유출을 방지하고 협업과 협력의 사회적 경제를 도모하는 가운데 마을공동체적 가치를 높이면서 지속가능한 물품과 지식 그리고 재능 등을 포함한 심지어는 Story까지 공유하게 한다. 이 모든 것을 가능하게 하는 거래 수단이 바로 컬피코인이다.

컬피코인의 특징은 주민과 주민의 지인 그리고 컬피코인으로 거래를 원하는 사색의향기 회원들이 공유하는 시스템으로 운영된다. 따라서 컬피코인을 거래하고자 하는 회원은 '향기촌 앱'을 Play 스토어에서 다운('향기촌'이라고 검색)받은 후 가입하면 되는데 이때 반드시 추천인을 명기해야 한다. 이는 주민에 의해 추천받지 않으면 가입할 수 없음을 의미하다. 가입 시 컬피코인 지갑에 10CC를 가입 선물로 받고 가입 후에는 컬피코인을 수단으로 환전, 품앗이 거래 및 주민이 생산한 물품을 거래할 수 있다. 한편 향기촌을 방문하는 회원은 컬피코인 실물을 환전하여 사용할 수 있다. 따라서 향기촌 안에서는 모든 거래가 향기촌의 지역화폐 컬피코인으로 이루어진다. 향기촌을 벗어난 대외거래는 시장화폐를 사용하고 과세 대상이 되지만 컬피코인 거래는 내부 거래로 외부 간섭 없이 거래가 가능하다.

컬피코인의 운영기준은 다음과 같다.

① NO이자 : 이자가 붙지 않음

② 통장기능 : 각 회원의 계정 내용 기입 후, (+) 또는 (-)로 기록

③ 거래공개 : 거래 내역 공개를 원칙으로 함

④ 규약준수 : 사색의향기와 향기촌 운영규정과 규약을 준수

⑤ 지급보증 : 향기촌 관리주체인 사색의향기 문화원이 지급 보증

⑥ 환전기준 : 시장 화폐 ₩1,000원을 1CC로 등가 환전

⑦ 지역제한 : 향기촌 내에서 모든 거래는 CC로 하고 향기촌을 벗어난 거래는 시장화폐

⑧ 자동대출 : 주민은 CC지갑(향기촌 앱)에서 (-) 계정 사용

⑨ 거래형식 : 회원은 '레츠 + 이워즈'의 혼합 형식으로 거래

향기촌 주민은 모바일 지갑을 보유한 주민이 되며 언제든지 마이너스 거래로 공유한 자산을 사용할 수 있고 언제든지 실시간으로 그 거래를 확인하거나 편하게 송금하고 환전

할 수 있는 시스템을 보유하게 된 것으로 지속적인 연구를 통
해 발전해 나갈 것이다.

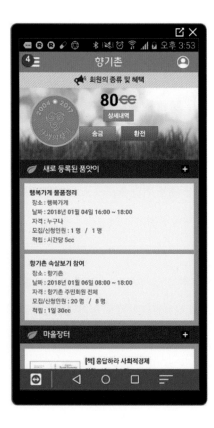

토지 공개념

최근 토지 공개념과 관련된 논란이 사회적 이슈로 부각되고 있다. 얼마 전 대통령이 발의한 헌법 개정안이 국회로 넘어갔는데 개헌안에 토지 공개념을 명시해서 이와 관련 각계의 찬반 논란이 뜨겁다. 개헌안은 '특별한 제한과 의무를 부과한다'고 토지 공개념을 명시하면서 국가 재량권을 폭넓게 인정하는 것으로 작성되었다. 이는 개인이 소유한 토지 이용권, 수익권, 그리고 처분권을 공익 차원에서 국가가 통제 관리할 수 있다는 것을 의미하는 것이다.

'토지 공개념'은 토지의 공공성과 합리적 사용을 위해 필요한 경우에 한해 정부가 특별한 제한을 가하거나 의무를 부과하는 것을 뜻한다. 땅에 관한 한, 공공복리 증진을 위해서는 개인 재산권을 제약할 수 있다는 개념이다. 즉, 토지 소유권은 개인에게 두되 토지에서 발생하는 이익은 공공이 가져갈 수 있다는 논리를 담고 있다.

토지 공개념을 찬성하는 사람들은 토지 정의와 주거 복지가 구현돼야 한다고 주장한다. 토지는 인간이 창출한 것이 아니고 부존량이 유한한 자원이므로 모든 인간 활동과 주거생활의 기반이 되는 토지 이용을 사익을 추구하는 개인 소유에만 맡길 수 없다는 것이다. 또한, 무분별한 부동산 투기와 지대추구행위는 생산적인 경제활동을 억누르고 부의 불평등을 심화시킨다고 강조하고 있다.

돈이 돈을 쉽게 버는 현실은 사회적 갈등을 심화시키고 개인이 일하고 혁신할 의욕을 꺾기 때문에 공정한 시장경제의 발전을 위해 토지 재산권에 대한 정부의 개입이 필요하다고 강조하고 있다.

토지 공개념에 대한 반론도 만만찮다. 그들은 자유시장경제와 사유재산권 보장을 기본으로 하는 대한민국의 정체성에 맞지 않는 사회주의적 발상으로 창의적 경제활동이 쇠퇴하고 국민생활은 피폐해질 수밖에 없다는 논리를 펴고 있다.

토지는 재산권으로서의 성격과 한정된 재화로서 공공성[11] 때문에 사적 이익

11
'공공성'이란 '국가나 사회구성원이 공동체적 이익을 위하여 공평하게 함께하는 성질'로 정의할 수 있다.

과 사회적 이익이 항상 갈등 관계에 있을 수밖에 없다. 경우에 따라서는 지나치게 사적 이익을 앞세운 나머지 토지의 공공성, 사회성을 저버리는 경우도 있고, 반대로 공적 목적만을 내세워 사소유권의 본질적 내용을 침해하는 경우도 있을 수 있기 때문에 이 양자의 이익의 조화로운 조정이 반드시 필요한 것이다.

향기촌의 경우는 토지에 대해서 다음과 같은 방식으로 접근하였다.

향기촌이 자리 잡은 홍성군 갈산면 대사리 토지를 공동으로 구매하였고, 구매한 토지는 주민 모두의 공동의 이익을 위해 공동으로 개발하여 활용하게 된다.

정부 및 지자체가 부동산 시장을 관리하거나 개발비용을 확보하기 위한 공적 개발에 토지의 공개념을 활용한 것으로 본다면 향기촌은 부지 공동구매 및 공동 활용을 통하여 대한민국 최초로 민간차원에서 토지의 공공성 개념을 연계시켜 사업을 추진하는 것이라고 할 수 있다. 현재까지 민간차원에서 토지의 공공성 개념을 도입하여 사업을 추진한 사례는 전무하다고 볼 수 있다.

그 이유는 특정 사업자의 경우 수익을 내기 위해 사업을 하는 것이어서 구조적으로 실행하기가 어려웠으며, 비영리 단체나 기관은 시장원리에 반한 사업을 여건상 추진하기가 어려웠을 것으로 짐작한다. 그러나 향기촌은 마을재생, 주민참

여 중심의 로컬 거버넌스(Local Governance) 구축 등을 추진
하는 동시에 도시의 정서를 그대로 담아낼 마을공동체를 건
설하려는 과정에서 토지 공공성 개념을 접목하게 된 것이다.

토지 공공성 개념을 접목한 가장 큰 이유는 바둑판처
럼 토지를 자르고 구분하여 개인의 소유를 바탕으로 한 토지
기반으로 주택단지를 개발하여 분양하는 기존의 사업 형태로
는 해당 구성원들에게 저렴한 토지와 주택을 공급할 수 있는
길이 없다는 판단하에 가장 효율적인(가장 저렴하게 토지를
구매하여 활용하는) 방법으로 귀촌마을을 구축해야 한다는 절
대적인 사명감이 있었기 때문이다.

향기촌은 공동으로 구매한 토지를 주민 모두의 공동의
이익을 위해 활용해 나가는 가운데 정부 및 지자체 지원사업을
적극적으로 유치하면서 공동으로 구매한 토지의 가치를 지속
적으로 증진시켜 나갈 것이다.

· 입주민 자산권리가 온전하게 보장된다.
· 실제 활용 시에는 개인보다 공익을 우선한다.
· 양도 양수 시에는 관리 주체의 통제에 따른다.(상속 제외, 입주 예정자에게 매각)

개인이 소유하되 공익화 운영

토지 공동구매

소셜 커머스(Social commerce)는 소셜 네트워크 서비스(SNS)를 통하여 이루어지는 전자상거래를 가리키는 말이다. 페이스북, 트위터 등의 소셜 네트워크 서비스(SNS; Social Network Service)를 활용하여 이루어지는 전자상거래의 일종으로, 일정 수 이상의 구매자가 모일 경우 파격적인 할인가로 상품을 제공하는 판매 방식으로 소셜 쇼핑(Social shopping)이라고도 불려진다.

소셜 커머스는 공동구매의 한 방식으로 그 영역을 넓히는 가운데 토지 공동구매에까지 그 영역을 확장하고 있다. 토지 공동구매의 경우, 가격이 싼 덩치 큰 땅을 여러 사람이 사서 나눠 갖는 방식으로 이 또한 소셜 커머스의 한 분야인 '토지 소셜 커머스'라고 할 수 있다.

　　보통 토지는 그 면적이 1만6530㎡(5000평)~3만3050㎡(1만평)가 넘어서면 가격이 주변 시세보다 20~30% 가량 떨어지는 게 일반적인데 토지 공동구매는 이 점을 역이용하는 것이라고 볼 수 있다.

토지 공동구매에 따른 장점은 여러 가지를 들 수 있다.

　　첫 번째, 토지 구입비용 및 시공비용을 절감할 수 있다.

　　두 번째, 토지 이용 목적이 같은 사람들끼리 어울려 새로운 사회적 관계를 만들 수 있는 터전을 제공한다.

　　세 번째, 보다 저렴한 토지 매입 및 활용으로 구매한 토지의 자산 가치를 증대할 수 있다.

　　네 번째, 정부 및 지자체의 지원을 받아 낼 수 있는 기반을 마련할 수 있다.

　　'집단 귀촌 프로젝트'는 혼자서는 계획하고 실천에 옮기기 어려운 귀촌을 공감대가 형성된 다수가 함께하면서 주민 모두가 공적 혜택과 공유가치를 누릴 수 있는 마을공동체를 만들어 가는 것이다.

　　향기촌 행복마을 귀촌 프로젝트는 '사색의향기' 회원의 귀촌을 위해 부지를 공동으로 구매하여 소유하는 것으로 평생을 일터에서 치열한 삶을 사신 분들이 자신들의 2nd Life를 위한 공간이자 새로운 마음의 고향을 구축하는 것이다.

이와 같이 향기촌 행복마을을 위한 부지 공동구매는 이를 바탕으로 토지에 대한 미래가치를 함께 나누는 가운데 2nd Life에 필요한 사회적 관계를 형성하는 바탕을 제공함으로써 주민의 긍지와 자부심까지 소유할 수 있게 해줄 것이다. 또한, 향기촌 행복마을은 공공의 이익을 위한 토지 사용을 가능하게 하고 이를 통하여 주민들이 자유롭게 생산, 교환, 분배, 소비가 이루어지게 함으로써 사회적(공유) 경제 기반을 확보해 줄 것이다.

부지 공동구매에 따른 공동소유 의미를 살펴보면,

① 땅의 공동 소유를 통하여 주민들에게 본질적 가치 제공

향기촌 행복마을은 주민들로 하여금 직접 땅을 소유하게 함으로써 땅이 가지는 본질적 가치를 누릴 수 있게 한다.

② '나 홀로' 땅보다 함께 하는 '공동' 땅이 공공성으로 발전 가능성 높음.

공동으로 땅을 소유한다는 의미는 재산권에 대한 공공성을 부여하고 공동체성을 형성할 수 있는 근간을 만드는 것으로 토지 공공성의 발전 가능성을 제고한다.

③ 땅의 가치 증진 용이

정례적인 행사 개최를 통하여 테마가 있는 문화를 구축하고 나아가서 지역적 브랜드 가치를 제고하며 궁극적으로는 땅의 가치를 높인다. 특히 공공성을 확보하게 되면 기초지방자치단체, 정부 및 정부 산하기관의 지원이 쉬워진다. 이는 공공성에 따른 가치를 주민의 재산 가치로 전환할 수 있는 계기를 마련해 줄 것이다.

④ 부지 내 모든 시설 이용 가능

땅을 소유하는 기간 동안 부지 내 모든 시설을 사용할 수 있는 편의성을 제공받을 수 있으며 이를 매각할 때도 향기촌 행복마을에서 평가 및 인정하는 가치(토지+건물)로 향기촌이 책임 매입 계약을 하므로 환금성이 매우 뛰어나다. 또한, 리스크를 분산시킬 수 있는 협력사업과 공유/사회적 경제활동에 참여할 수 있는 기회를 제공한다.

⑤ 최소 비용으로 귀촌

10구좌(1,000평) 이상을 소유한 회원은 회원이 귀촌을 원할 때 언제든지 주택을 지어 향기촌에 정주할 수 있다.

요약하면, 부지 공동구매 및 공동소유를 하는 궁극적인 이유는 향기촌 행복마을 귀촌 프로젝트에 함께한 모든 분들에게 향기촌의 주민이자 2nd Life의 진정한 주인공으로서 자리매김할 수 있게 하는 것이라고 말할 수 있다.

향기촌 기본소득제 및
수익활동

향기촌은 정주하는 주민에 대해 월 일정액 상당의 컬피코인을 기본소득으로 제공한다. 즉, 향기촌에 거주하는 주민은 특별한 일을 하지 않아도 일정액의 기본소득을 제공받아 식대와 주거에 필요한 비용으로 사용할 수 있다. 이를 위하여 마을공동체에서 필요한 노동력을 제공하여야 하지만 그 또한 강제성이 없는 것으로 마을에 거주하기만 하면 후반기 삶에 필요한 최소한의 기본 생활비를 보장받는 것이라 해도 과언이 아닐 것이다.

향기촌이 정주 주민들에게 기본소득을 보장하는 이유를 설명하고자 한다.

KOSIS(국가통계포털) 노후생활비 통계에 따르면 대졸 부부의 경우, 2017년 말 기준(2015년 통계치 기준으로 매년 3% 인상 적용 가정)으로 최소 노후생활비 월 230만 원, 적정 노후생활비 월 311만 원이 필요한 것으로 되어 있다. 한편 고졸 부부의 경우에는 최소 노후생활비 월 198만 원, 적정 노후생활비 월 267만 원으로 대졸 부부의 약 86%에 해당하는 생활비가 필요할 것으로 추정할 수 있다. 60세 기준으로 남은 수명을 20년으로 가정하는 경우, 최소 노후생활비에 필요한 자금은 5억5200만 원, 적정 노후생활비는 7억4640만 원으로 예측할 수 있고, 남은 수명을 30년으로 가정하면 최소 노후생활비 8억2800만 원, 적정 노후생활비 11억 1160만 원으로 예상할 수 있을 것이다. 이를 참고하면 월 최소 노후생활비는 215만 원, 적정 노후생활비는 289만 원으로 대략 추정할 수 있다.

향기촌은 앞의 통계에서 보신 것처럼 노후생활비 전부를 충당하는 금액은 아니지만, 기본적인 생활을 할 수 있는 최소한의 지원, 즉 기본 생존을 위한 기본소득을 보장해주는 마을로 설계되었다. 도시와는 달리 향기촌에서는 놀이가 사업이 되고 이를 통하여 Make Money가 가능하게 해준다. 이와 같은 마인드를 심어주기 위해서는 최소한의 기본 생활비만 있어도 마을에서 생활할 수 있다는 마을 정주 기본 옵션을 준비한 것이다.

향기촌 행복마을은 향후 계획된 사업을 추진해 나가는 과정에서 많은 유휴 노동력을 활용할 것이다. 즉, 마을에 정주하기만 하면 노동력을 제공할 수 있는 기회가 다양하게 주어지는 구조로 만들어질 것이다. 예를 들면, 농촌체험학교 학생들과 놀고, 거동이 불편한 어르신들을 대상으로 Aged People Care 활동을 펼치고, 복지시설 아이들과의 공존, 마을 손님들에게 음식을 제공하는 등 향기촌의 모든 활동이 수익으로 직접 연계된다. 하지만 이와 같은 기본소득을 제공하려면 마을 차원의 재원 마련이 필요하다.

기본소득을 마련하기 위한 사업

향기촌 정주민 가구당 기본소득을 보장하기 위한 사업으로 도시형 정서를 가진 주민들의 노동력으로 해낼 수 있는 사업을 적극적으로 발굴하고 이를 추진한다. 특히 사색의향기가 보유하고 있는 도시기반의 소비자 풀을 최대한 활용 가능한 사업, 향기촌 주민의 노동력으로 해결 가능한 사업을 중심으로 정부 및 지자체의 정책 수혜를 최대한 누릴 수 있는 방향으로 추진할 것이다.

농촌유학 운동 및 농촌 체험학교 운영

향기촌은 농촌 유학운동을 한다. 녹색 추억을 만들고 친환경적인 경험을 축적하는 것은 청소년들의 올바른 성장을 위해 반드시 필요한 것으로 이를 인성 교육과 연계하면 정부 지원사업으로 만들 수 있을 것이다.

따라서 향기촌이 위치한 지역의 초등학교 친구들과 함께 교육받고 방과 후 농촌체험 중심의 다양한 학습(천렵, 서리, 농사짓기, 놀이, 절기 축제 참여, 자연체험 등)을 운영하게 되는데 이를 위한 마을 주민의 지원과 협력이 절대적으로 필요하다.

이밖에도 초중생들을 대상으로 단기 농촌체험학교를 운영하면서 이전에는 시골에 계신 할머니 댁에 놀러 가면 쉽게 경험할 수 있었던 형태의 녹색체험도 제공할 것이다.

청소년 대상 농촌 유학운동과 농촌 체험학교 운영기준은 코칭, 티칭, 레슨을 하지 않고 단순히 가이드만 잘하면 되는 것으로 도시에서 생활하면서 축적된 경륜을 지니고 있는 향기촌 주민들의 역량을 잘 활용할 수 있는 사업으로 다음과 같이 펼쳐 나갈 것이다.

① 향기촌 가구 수 만큼의 초중생들이 농촌유학을 오는 마을로 만들 것이다.

(농촌 명품 유학 및 명품 초등학교를 만들 계획이다.)

② 학부형과 함께 하는 월별/계절별 축제를 개최할 것이다.

(세대 간의 유기적인 소통과 공감의 장을 마련한다.)

③ 마을이 보유하고 있는 잠재 역량과 마을 시설을 잘 활용할 것이다.

인성 교육과 연계하여 정부 지원을 받을 수 있는 농촌 유학과 농촌체험 교육사업은 대상 학부모가 해당 비용을 부담하는 구조로 적정한 수익을 창출할 수 있다.

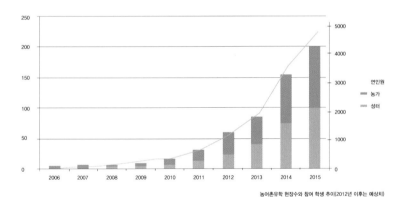

농어촌유학 현장수와 참여 학생 추이(2012년 이후는 예상치)

사색의향기 연수원 운영

사색의향기 연수원을 건립하여 사색의향기 국내외 지부 및 산하기관의 구성원을 대상으로 각종 교육을 실시할 수 있는 공간이자 1년에 한 번 다녀가야 하는 농촌체험의 장으로 만들고자 한다.

① 사색의향기 회원들의 각종 연수, W/S 및 MT를 유치한다.

② 강당을 포함한 강의시설은 커뮤니티센터를 최대한 활용하고 숙소는 주민들의 빈방을 활용한다.

③ 사색의향기만의 특별하고 차별화된 프로그램을 운영한다.

④ 귀촌, 마을 만들기 지도자 양성 프로그램도 같이 운영한다.

향기촌 주민들의 잠재 역량을 최대한 끌어내어 연수원 운영에 적극적으로 활용함으로써 기본소득이 될 수 있는 기반을 만든다.

연수원 교육생들에게 숙소를 제공하기 위해서 때로는 주민들이 마을 회관에서 숙박하는 상황도 기꺼이 수용할 수 있는 체계를 만들 것이다.

꾸러미 판매

향기촌 주민 혹은 이웃 마을 마을에서 생산한 농산물을 사색의향기 회원들에게 판매하는 사업으로 매주 1회 꾸러미를 택배로 보내주는 사업을 추진한다.

① 제철 농산물 및 과일 등을 담아 판매하는 꾸러미는 사색의향기 기반인 도시 회원들을 위한 친환경 먹거리를 공급하는 신뢰사업인 동시에 지역사회를 위한 사업이다.

② 향기촌을 대표하는 브랜드가 될 수 있다.

③ 농산물을 획득하는 과정에서의 공동작업은 공동놀이를 체험할 수 있는 효과를 창출한다.

이상과 같은 꾸러미 사업은 수익의 60% 이상을 마을의 소득으로 전환할 수 있다.

청소년 복지시설 운영 사업

청소년 복지시설을 유치 혹은 설립하여 청소년들에게 긍정적인 의미의 조손 관계를 회복할 있는 계기를 만들어 주는 인성교육의 일환으로 정부 지원을 충분히 끌어내 수익을 창출하는 사업을 추진한다.

이 사업은 영아(베이비박스 연계)부터 청소년에 이르기까지 향기촌과의 연결고리를 만드는 동시에 은퇴자들의 역량을 재활용할 수 있는 사회공헌 사업이 될 수 있다.

이를 통하여 향기촌 주민의 기본소득 확보를 지원할 수 있는 사업이다. 본 사업에 대한 연구가 진행되고 있다.

노노케어 사업

일본의 노노게호(老老介護)에서 유래된 60~70(시니어)대가 80~90(실버)대를 돌보는 노노케어 사업을 추진한다. 일본의 경우 돌봄이 필요한 70대 이상의 경우 40% 이상을 노노케어에 의존하고 있다.

요양병원 및 요양기관, 노인을 위한 복지시설을 운영하는 향기촌이 가장 의미를 두는 사업으로 살던 곳을 떠나지 않고 요양을 받을 수 있는 재택 요양시설을 갖추는 것이며, 필요에 따라 힐링센터 및 병원시설을 갖출 계획이다.

이 사업은 정부 정책자금과 연계하여 향기촌 주민이 혜택을 받을 수 있는 것으로 사업추진을 위해서는 주민들이 요양보호사 자격을 갖추어야 하며 이에 따라 요양보호사 자격 교육사업도 추진할 계획이다.

공공시설 운영 사업

향기촌에서 운영하는 일체의 공공시설 운영은 주민의 기본소득 확보에 기여하는 사업으로 추진한다.

① 마을가게

② 북카페

③ 커뮤니티 시설(마을 회관)

④ 게스트하우스

⑤ 힐링센터

⑥ 마을 부엌

⑦ 기타 시설 : 렌탈 센터

공동구매 사업

사색의향기 회원들을 위한 공동구매 사업으로 저렴하게 품질 좋은 상품을 구매하는 것이며 향기촌 앱을 이용한 폐쇄몰 형태로 추진할 것이다.

　이상의 사업 구조를 분석하면 기대 매출의 최소 30% 이상이 인건비에 해당되는데 향기촌 정주 주민의 경륜과 유휴 노동력을 최대한 활용하여 기본소득 확보를 위해 필요한 재원을 마련할 계획이다. 〈Q8. 향기촌 관리주체〉에 대한 답변에서 언급한 것처럼 귀촌 실패의 중요한 원인 중 하나가 '소득 부족'이었다.

　성공적인 귀촌, 지속가능한 행복한 공동체 마을을 유지하기 위해서는 수익사업을 통해 귀촌 생활을 영위할 수 있는 어느 정도의 소득이 보장되어야 한다.

　향기촌은 초기 기획 시점부터 수익사업에 대한 많은

연구와 검토를 한 후 본격적으로 추진되었다. 추진 팀은 향기촌에서 생활하는 가운데 수익사업 참여를 통해 획득한 수익으로 기본소득을 보장하는 안심마을을 만드는 것을 최종 목표로 사업을 진행하였다.

　　이상의 사업은 사색의향기 행복공유 시스템을 실현해 나갈 것이다.

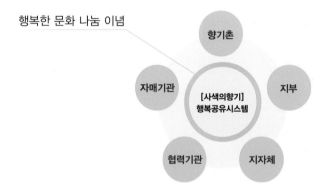

행복한 문화 나눔 이념

협력을 통한 향기촌 수익사업

SO 전략에 따른 도시형 문화사업

향기촌의 구성원은 도시 각계각층에서 경쟁을 이겨낸 역량 있는 분들에 해당한다고 볼 수 있다. 이들은 진입 장벽 없이 다양한 문화를 향유하실 수 있는 수용성을 갖추고 있으며 또한 저마다 가지고 있는 역량들도 다양하여 이를 활용하는 방식의 사업이 대단히 효율적일 수 있다.

① 도서 기부와 연계한 공유 도서관, 음반, DVD 공유 및 감상이 가능한 개인 소장품 공유 박물관 등 취미와 공감의 창조적 만남의 문화사업.

② 차, 커피 등의 제공을 기본으로 북까페, 테마 까페를 겸한 브런치 카페 운영사업.

③ 다양한 경륜과 역량을 활용한 노동력 공유 협업 네트워크 사업 : 행복집짓기 프로그램, 마을기업, 마을기반을 활용한 협동조합 등.

마을 직영사업

향기촌 사업은 마을에서 모든 사업을 주관하거나 마을 주민이 선점한 사업의 독점성을 보장하는 한편 협업은 가능하게 하는 형태로 사업을 추진한다.

① 행복가게 : 로컬 푸드, 먹거리 공동구매, 일반 생활용품 등 판매 사업.

② 향기촌 앱을 활용한 꾸러미 판매 사업 : 홍성군에서 생산하는 건강한 먹거리를 매주 앱 회원 대상으로 판매.

③ 렌탈 센타 : 모든 공구, 차량 및 공동으로 사용가능한 물품의 렌탈 사업.

④ 게스트 하우스 및 B&B 사업 : 외부 방문자를 위한

숙박 및 편의시설 제공 사업.

대안 교육 등 제도권에서 할 수 없는 체험 중심의 교육사업

대안교육 등 제도권에서 할 수 없는 체험 중심의 교육사업은 비교 우위를 가지는 향기촌의 핵심사업으로 포지셔닝하여 농촌유학 운동과 함께 명품 마을 이미지를 제고하는데 크게 기여할 것이다.

① 농촌체험학교 : 도시 초중 학생을 대상으로 농촌체험을 통해 조손 관계를 활성화하는 동시에 친환경적이며 녹색 추억을 만들어 줄 수 있는 사업.

② 귀촌 귀농 사관학교 : 성인 대상 귀촌 및 귀농 지도자 양성 사업.

③ 평생 학습 대안교육 및 지구마을 대학원 운영 사업.

④ 사색의향기 연수원 : 사색의향기 전국 지부회원 대상 년1회 의무 연수교육 운영 사업.

정부기관 및 지방자치단체와의 협력 사업

향기촌은 지방자치단체 및 정부와의 적극적이고 지속적인 협력을 통해 사업을 추진한다.

① 관광테마마을 사업

향기촌 마을(50가구 중심)별로 테마를 선정하여 특성

화하고 정부지원 사업과 연계하여 사업을 추진한다.

② 마을 축제 및 생태마을 전국 네트워크, 문화대간(文化大幹) 잔치 한마당 축제 등 개최 사업.

절기별로 축제를 열고 절기를 대표하는 놀이를 복구 및 개발하여 이를 세대 간 소통과 공감의 장으로 만들고 농촌 유학과 연계하여 마을 축제로 발전시킨다.

③ 행복 창작마을 프로젝트

일인 창업 청년 기업가들을 유치하기 위해 주거 및 창작공간을 제공하는 사업이다. 문화체육관광부 등과 협력하는 사업으로 추진하고 향기촌은 임대료 대신 재능 혹은 창작물로 대가를 받기 때문에 청년 기업가들의 경우는 임대료에 대한 부담이 없다.

향기촌은 기존 공동소유의 땅을 제공하기 때문에 장소 제공에 대한 비용이 발생하지 않으므로 다른 지역의 마을 사업과 차별화가 가능하다.

④ 농촌 지원사업에 따른 특혜를 받을 수 있는 다양한 사업

정부가 농촌을 대상으로 많은 지원을 하고 있는데 마을 단위는 다양한 사업을 제한 없이 지원받을 수 있으므로 이러한 기회를 적극적으로 활용한다.

향기촌 자산을 활용한 사업

향기촌 주민들은 향기촌이 보유하고 있는 모든 자산을 활용하여 개인, 마을기업 및 협동조합 등의 형태로 다양한 영농사업 및 문화사업을 추진한다.

① 마을 협동조합

5명 이상의 주민이 참여하는 마을 협동조합을 지속적으로 지원하고 육성한다.

② 마을 기반과 사색의향기를 연계 활용한 사업

향기촌은 사색의향기의 도시 소비자, 232개 지부 및 지방자치단체 등 행복 네트워크를 갖고 있으므로 이를 활용할 수 있는 사업을 하여야 한다. 특히 사색의향기 컬피슈머를 효과적으로 활용할 수 있는 것은 큰 장점이라고 할 수 있다.

기타 사업

경제 자립도 강화를 위한 기타 사업을 추진하면서 사회적 가치를 증진시켜 나간다.

① 휴양병원, 요양기관 등의 설립 및 운영

② 단식원 및 힐링 캠프 등의 사업

③ 자연치유센터 및 치유숲 등 운영 사업 : 숲속 야영축제

④ 문화사업 : 음악회, 미술 작품 전시회, 민속놀이, 영화제, 백일장 등

생태농업
운영방안

향기촌의 농업은 생태농업을 기반으로 먹거리를 제공하는 1차 산업에서 제조, 가공의 2차산업 및 체험, 관광을 아우르는 3차 산업을 망라한 6차산업 형태로 운영하여 농업의 고부가가치를 창출하는 방향으로 추진하여야 한다.

생태농업(Permaculture) 개념

인류는 늘어나는 인구에 대처하기 농업생태계를 유지하고 생산성을 높이려는 농업기술을 부단히 발전시켜 왔다. 이러한 노력과 산업혁명 이후 과학기술의 발달에 힘입어 농업생산성은 비약적으로 증가했으나 농업생태계는 점차 자연생태계와의 동질성을 잃어버리고 생태적 과정이 심하게 변형되거나 단절되었다. 이로 인해 농업생태계 자체는 물론 주변 생태계를 파괴시켜 더 많은 에너지와 물질의 투입 없이는 생산성이 증가되지 않는 한계에 부딪히게 되었다.

이에 따라 생산성을 더욱 높이려는 집약적인 농업방식은 과도한 화학비료의 투여와 이로 인한 병충해 내성의 약화로 더 많은 농약의 투입을 불가피하게 만들었을 뿐 아니라 농업생태계와 주변 환경을 악화시키는 악순환을 계속하는 한편 식품의 안정성이라는 새로운 문제까지 야기했다.

이러한 배경에서 농업이 당면한 문제를 총체적으로 접근하려는 시도를 '생태농업'이라 한다. 즉, 농업의 생태적 과정을 이해하고 응용함으로써 과도한 물질 및 에너지 투입을 방지하고 주변 자연생태계와의 조화를 통하여 농업생태계 자체와 주변 환경을 보호하면서 생산성의 지속적인 유지와 식품의 안정성 확보가 가능하도록 하자는데 생태농업의 목표가 있는 것이다.

생태농업을 제대로 이해하기 위해서는 지속성, 정밀농업, 식물환경복원의 개념을 알아둘 필요가 있다.

지속성(Sustainability)

지속성은 원래 개발과 관련하여 1992년 리우데자네이루 UN 개발환경회의 이후 회자되고 있는 용어이다. 그러나 농업분야에서의 지속성 개념은 UN 개발환경회의 이전부터 논의되었던 것으로 생태농업의 기원은 '대지에서 일하는 자는 신의 선택을 받은 자'라며 농업과 도덕성을 연결시키고자 했던 1700년대 후반 Thomas Jefferson으로부터 비롯되었다.

　　자연과 사물을 낱낱이 분해하여 운동의 법칙성을 알아내기만 하면 모든 자연현상을 이해할 수 있다고 생각하는 환원주의자의 반대편에 서 있던 Jefferson의 추종자들은 자연은 하나의 거대한 체계이며 농부는 그 체계를 진화시키는 역할을 하고 있다는 관점을 견지하면서 공업화 농업에 대응하는 농업을 서구 여러 나라에서 발전시켜 왔다.

　　농업 분야에서는 이미 오래전부터 지속성 개념이 있었으나 세계적인 유기농업의 확대, 안전 농산물의 생산 및 국제교역 증가, 안전 농산물에 관한 국제 인증의 필요성 대두 등 생태농업과 관련한 일련의 변화가 1992년 UN 개발환경회의에 참여한 150개국 정상회의에서 자본 집약적이며 화학물질에 의존하는 농업에서 자연과 화합할 수 있는 생태적 농업으로의 전환에 대한 본격적인 논의를 촉발시켰다. 이 회의의 결과물인 Agenda 21의 14장은 "Meeting Agriculture's Needs

Without Destroying the Land"라는 제목하에 자원 절약적이고 환경적으로 건전한 식량 생산체계를 위해 국가적인 계획을 실천할 것을 권고하고 있다.

이후 UNDP(United Nations Development Programme)는 아시아, 아프리카, 남미 등 14개 국가의 20개 농업체계에 대한 사례연구를 담은 보고서를 작성하였다. 이 보고서에서 유기농업으로 대표되는 생태농업에 대해 개인적인 관심에 따라 집착적으로 화학물질을 쓰지 않는 비정상적인 농업활동이며 생산량이 적어지고 노동력에 의해 생산비가 올라간다는 일부의 주장을 일축하였다.

보고서에 따르면 '생태농업은 현재의 경제와 부보다 미래의 생태계가 더 중요하다는 인식에 기반'하고 있으며 '생태농업이야말로 자연생태계의 균형에 대한 파괴를 멈추고 다시 회복하기 위해 인류가 선택할 수 있는 한 가지 방법'이며 만일 현재의 관행적인 농업이 자행한 환경파괴에 대한 대가를 스스로 지불했다면 이미 오래전에 생태농업으로의 전환이 이루어졌을 것이라고 결론짓고 있다.

정밀농업(Precision Agriculture)

산업화 및 도시화로 부족한 농업노동력을 대체하기 위해 농작업의 기계화가 진행되면서 농지와 작물에 투입하는 농자재의 양을 통계적인 방법으로 결정하게 되었다. 다시 말해 들판에 있는 작물의 생육상태나 땅심에 근거하여 각각의 세부 위치별로 비료나 농약을 다르게 살포하지 못하고 들판 전체에 대하여 균일한 파종을 하고 비료 농약 등을 균일하게 처리하였다. 물론 그 기준은 전체 농경지와 작물의 상태를 평균적으로 통계 처리하여 결정된 요소들이다. 그러나 전체 농경지에 씨앗을 똑같이 뿌리고 작업을 똑같이 했는데도 불구하고 포장(圃場)의 위치에 따라 수확량이 달라지는 것을 설명할 수가 없었다. 따라서 포장 내에 각 위치별로 속성의 변이를 인정하는 새로운 접근방법이 필요했다.

개개의 포장은 토질 영양분 관개수의 흐름 병해충 저항 정도 등이 각기 달라 생산된 농산물은 질과 양에서 다른 특징을 가질 수밖에 없었다. 한 포장 내에서도 이러한 차이는 존재하기 때문에 포장의 각 부분에 대한 특성을 이해하고 위치별 지역 특성(site-specific)에 맞는 처리가 이루어진다면 적은 투자에서 최대의 혹은 최적의 수익을 얻을 수 있다는 것을 알게 되면서 정밀농업 개념이 구현되기 시작하였다.

따라서 정밀농업 개념은 농업생산에서 다목적 의사결정체계를 정밀하게 관리하는 것이라 말할 수 있으며 변량형 농법(variable rate agriculture)인 동시에 과거의 정보를 토대로 최적의 수익을 얻을 수 있도록 농자재를 처방(prescription farming)한다는 측면에서 농업의 정보 전산화와 시스템화를 내포하는 개념이라고 할 수 있다.

또한, 위치별 특성에 맞는 관리(site-specific management)를 통하여 미래의 포장상태 및 수확량을 조절하기 때문에 정밀농업은 환경보전이라는 선진 사회의 요구에도 부합되는 개념이기도 하였다.

식물환경복원(Phytoremediation)

Phytoremediation(botanical-bioremediation, green-remediation)은 식물, 수목, 초본, 수생식물을 이용해 오염된 토양과 물 또는 공기를 제거하여 안정화 및 무독화시키는 방법이다.

이 방법은 저렴한 처리비용과 정화과정에서의 환경 교란을 최소화할 수 있다는 이점이 있어 가장 전망 있는 저비용, 고효율의 최신 오염정화기술이다. 지금까지 금속(Kumar et al)을 고농도로 축적하는 특정 식물체 중금속 축적종에 대한 연구들은 많이 있었지만, 중금속 축적식물을 이용해서 토양 중의 과도한 금속을 선택적으로 제거하고 recycle 시킴으로써 오염 토양을 정화시킨다는 개념은 1983년 Channey에 의해서 제기된 후 1990년대에 들어서면서 주목을 받기 시작하였다.

최근에는 발전된 유전공학 기술의 도움으로 그 영역을 확장해 나가고 있는데 이는 인간 활동에 의해 오염된 넓은 지역의 토지와 물을 정화시키는 가장 효과적인 방법으로 큰 관심을 불러일으키고 있다. 왜냐하면 현재 물리적으로 오염된 토양을 제거하거나 그것을 매장하는 정화방법들은 일반적으로 비용이 많이 들고 환경에 이차적인 오염을 유발할 수 있기 때문이다.

식물의 대사과정을 통하여 오염물질을 제거 안정화 및 무독화시키는 Phytoremediation은 오염물질의 종류와 존재 영역 그리고 정화식물의 최종처리 형태에 따라 여러 가지 다양한 이름으로 불리고 있다.

외국의 경우 1990년대에 들어서면서 각각의 오염물질에 대해 정화기능을 가지고 있는 식물체의 선발과 정화능력의 극대화 방안, 오염 현장에의 적용 평가 등에 대해서 활발히 연구되고 있는 반면에 국내에서는 일부 연구자들에 의해 중금속축적 식물 또는 내성 식물을 탐색하는 수준에 머무르고 있는 실정이다.

생태농업 추진

생태환경은 인류의 생존과 발전의 기본조건이며 또한 경제 및 사회 발전의 기초이다. 생태환경을 보호 건설하고 지속적인 발전을 실현하는 것이 생태농업이 나아가야 할 큰 방향이자 지향점이다. 즉, 나무와 풀을 심는 일에 역점을 두고 수토 유실을 처리하며 황막화(荒漠化)를 방지하고 농림 생태를 건설하며 장기적인 시행을 통해 생태농업의 초석을 세우는 것이다.

생태농업 환경

생태환경 구축은 국민경제와 사회의 지속적인 발전과 밀접한 관련을 맺고 있다. 건국 이래 일제 강점기와 한국전쟁을 거치면서 숲이 황폐화되고 농업 생산성은 극도로 낮았다. 해방 이후 새마을 운동의 일환으로 실시된 식량증산과 대규모의 산림 녹화 사업으로 인하여 농업 생산성은 증가하고 숲은 울창해졌다. 특히 광대한 가뭄 지역의 관개시설에 대한 농업기술을 널리 보급하며 산림의 안정화 작업으로 우리나라는 새로운 생태환경 구축 단계에 들어서게 되었다. 그러나 급속한 경제발전에 따른 부작용으로 우리나라의 자연생태환경은 갈수록 악화되고 있다.

수토 유실, 황폐화된 토지 면적이 지속적으로 증가하고 있고, 대량의 삼림 및 천연식물의 훼손 등으로 인해 생태공능(生態功能)이 많이 약화되었으며 생물의 다양성이 심각하게 파괴되었다.

이처럼 날마다 악화된 생태환경은 우리나라의 경제와

사회에 큰 피해를 가져다주었으며 지속적인 발전에 심각한 영향을 주었다. 빈곤의 정도를 심화시키고 경제 및 사회의 발전에 부담을 가중시켰으며 자연재해의 발생을 증가시키기에 이르렀다.

생태농업 추진 방향

생태농업은 우선적으로 생태환경 개선을 통해 생태환경이 직면하고 있는 문제를 해결해나가면서 생태환경 구축과 경제발전(특히 지역경제발전)을 긴밀히 연계하여 장기적으로 생태효과와 이익, 경제효과와 이익, 사회효과와 이익의 통합을 모색하는 방향으로 추진되어야 한다.

생태농업 계획은 처음부터 큰 단위로 계획을 조성하여 시작할 경우 생태농업의 기본적인 개념인 자연적인 순환을 통한 지속가능한 농업공동체 형성이 어려우므로 처음에는 작게 시작하여 점진적으로 확대해 나가야 한다. 즉, 사람과 생태농업은 서로 공생하면서 발전하여야 하기 때문에 최근 유럽의 생태공동체가 생태농업을 추진하듯이 서서히 단계적으로 확대해 가는 것이 바람직하다.

지역적 확대가 모여서 궁극적으로 탄탄한 생태농업 자연순환 사이클이 형성될 수 있는 것이다.

향기촌 생태농업 운영 계획

향기촌 생태농장 개발 목적

하나, 지구촌이 본받을 수 있는 생태농업 시범농장을 만든다.

하나, 지구촌 곳곳에서 와서 체험할 수 있는 생태농업 교육훈련장을 만든다.

하나, 휴식과 치유를 겸할 수 있는 친환경 에코 힐링 팜을 만든다.

하나, 향기촌 정주민들의 생활 자립을 뒷받침한다.

하나, 향기촌 정주민들을 위한 건강한 먹거리를 생산한다.

향기촌 생태농장 운영 원칙

① 자연순환 농업 중심

특정 자재의 사용 또는 특정 농법에 한정되지 않고 '자연계 물질순환의 균형'을 추구하는 모든 농업을 포함, 구체적으로는 가축분뇨 퇴·액비 등 유기질 자원을 토양에 환원시켜 토양을 건전하게 유지, 보전하면서 농업 생산성을 확보함.

② 6차 산업적 농업

농업생산을 기반으로 가공 유통 관광 등 2, 3차산업과의 융복합을 통해 농촌경제의 새로운 부가가치 순환을 도모하고 일자리 창출 등을 통한 농촌경제 전반의 활력을 제고함.

③ 협동조합식 운영

협동조합을 설립하여 공동 협의, 결정, 실천 분배하면서 결과에 대해 공동으로 책임짐.

④ 무경운 원칙

인간이 기계로 갈지 않더라도 식물의 뿌리나 미생물 그리고 땅속 동물들의 활동으로 생물적, 화학적 땅갈이가 저절로 이루어지게 함.

⑤ 꼭 필요한 상황에서만 농기계 활용

생태농업의 여러 가지 상황에서 상황별로 반드시 필요한 경우에만 트랙터, 파종기, 수확기 등의 농기계를 사용함.

⑥ 다양한 목적 추구

최대한 많은 효과를 거둘 수 있도록 생태농업을 추진함. 예를 들면 해바라기를 만평 가량의 면적으로 재배하여 관광에 연계시키고, 그 씨앗으로 기름을 짜고 꿀도 채취하며 남은 것들은 퇴비의 재료로 활용함.

향기촌 에너지 시스템

최근 유가가 지속적으로 상승하고 있고 원전을 포기한 정부의 에너지 정책에 따라 신·재생에너지자원의 활용에 대한 관심이 그 어느 때보다 높아지고 있다. 우리나라의 경우 신·재생에너지 개발·이용·보급촉진법에 따라 신·재생에너지를 개발하기 위해 많은 노력을 경주하였지만 대부분의 연구개발 투자가 소위 3대 신·재생에너지원인 수소, 풍력, 태양광 특히 현 정부들어 태양광에 집중되는 경향을 보이고 있다.

향기촌의 미래 100년은 시대적 상황이나 기술적 진보에 유연하게 대처하면서 최적의 에너지 시스템을 운영하는 지혜 경영을 할 것이다. 또한, 향기촌은 에너지 문제를 매우 중요하게 생각하며 정주 주민들이 입주할 때, 향기촌 사무국과 협의하고 자문을 받게 함으로써 가장 효율적인 에너지 시스템을 구축할 수 있도록 최선의 노력을 경주할 것이다.

지열 에너지[12]

향기촌에서 사용되는 공용건물은 점진적으로 보완을 거치면서 지열 냉난방을 최대한 활용할 계획이다.

　　지열냉난방 시스템은 고온의 지열수를 이용하는 지열발전과는 달리 연중 일정한 온도를 유지하는 지하열원(15±5℃)을 이용하여 냉·난방·급탕을 동시에 해결하는 고효율의 환경 친화적 시스템으로 고온성 화산활동이 없는 우리나라와 같은 지열조건에서 지열 에너지 자원을 효율적으로 사용할 수 있는 방법이다.

　　이 시스템은 겨울에는 따뜻한 지중열을 흡수하여 난방하며, 여름에는 차가운 지중으로 실내의 더운 열을 버리는 원리를 이용하는 시스템으로 실내 냉·난방에 화석연료를 전혀 사용하지 않으며, 단지 지중으로 물을 순환시켜 열을 얻는 방법으로 원하는 온도와 효율을 높이기 위해 지중 열펌프를 사용한다. 지열냉난방 시스템에 있어서 가장

12
지열 에너지란 지구가 가지고 있는 열에너지를 총칭하나 최근에 지열 에너지는 인간에 의해 발견되고 개발된, 또는 개발될 수 있는 지구의 열을 지칭하는 의미로 자주 쓰임.

핵심이 되는 설비가 바로 지중열교환기인데 열교환 방식별로 분류되고 있다.

지열 시스템의 장점으로는 친환경적인 청정 클린 에너지이며 반영구적이며 안정적인 에너지 시스템으로 높은 경제성을 담보하고 있다. 전문가들의 분석에 따르면 난방 시에는 가스, 기름 대비 약 40~70% 절감효과를 기대할 수 있고, 냉방 시에도 전기 요금 대비 약 40% 절감효과를 기대할 수 있다고 한다. 또한 석유, 가스 등 화석연료를 사용하지 않으므로, 폭발의 위험성이나, 부주위로 인한 화재사고가 없어 안전하고, 소량의 전기로 운전되기 때문에 매우 안정적인 시스템으로 평가되고 있다.

화목 보일러

개인주택은 입주민들과의 협의를 거쳐 다양한 형태의 에너지를 사용할 것인데 특히 정부 및 지자체의 지원 체계 등을 면밀히 검토하여 그 비용을 최소화할 수 있는 방안을 적극적으로 강구하고자 한다. 그중 하나로 여러 가지 단점에도 불구하고 경제성이 좋은 화목보일러 사용을 충분히 검토할 것이다.

화목보일러는 나무를 여러 조각으로 자르고 쪼개 땔감

(화목)으로 만들어 사용하는 보일러의 한 종류로 연탄이 본격화되기 이전에 아궁이에 나무를 넣어 방을 데우던 원리와 대동소이하다. 최근에는 나무가 다 소진되면 기름이나 가스를 대신 때거나 석탄이나 쓰레기도 함께 땔 수 있는 하이브리드 모델도 등장하였다.

　　　화목보일러의 장점은 나무라는 저렴한 연료를 사용하기 때문에 경제성이 높다는 점이다. 즉, 석유 대신 상대적으로 저렴하며 일상생활에서 쉽게 구할 수 있는 나무나 쓰레기 등을 태워서 쓸 수도 있다는 것이다. 또한 참나무를 연료로 사용했을 때는 이산화탄소 배출량이 기름을 연료로 했을 때보다 적게 나온다는 것인데 연료를 연소시키면 환경이 오염되는 것은 마찬가지지만 화목보일러를 사용하면 상대적으로 덜 오염시킨다는 것을 들 수 있다. 반면에 가스나 기름에 비해 불이 잘 붙지 않아 불쏘시개를 먼저 투입해 때야 하며 이 와중에 생기는 매캐한 연기가 생겨난다거나, 나무에 불이 붙으면 원할 때 끄기가 어렵고, 주기적으로 화구와 배기구에서 재와 목초액을 제거하는 청소를 해줘야 별 탈 없이 오래 쓸 수 있다는 등의 단점도 가지고 있다. 그러나 최근에는 다연소 기능, 내열유리 그을음 방지기능, 자체 단열 및 축열 기능 등을 장착한 고효율 다기능 화목 보일러들도 잇달아 시판되고 있어 단점들이 많이 보강되고 있다.

기타 에너지

정부 및 지방자치단체의 정책을 반영할 수 있는 다양하고 친환경적인 재생에너지(태양열, 태양광, 바이오, 풍력, 수력, 지열, 해양, 폐기물 등) 사용을 고려할 수 있다.

향기촌 주거 정책

의식주란 사람이 살아가는 데 가장 기본적으로 필요한 세 가지를 말한다. 입을 옷과 먹을 음식 그리고 쉬고 잘 수 있는 집의 세 가지를 뜻하는데, 이 세 가지는 우리들에게 자동적으로 주어지는 것이 아니다. 이 세 가지는 얻거나 얻어지거나 구비되어야 할 것들이므로 우리들은 살아가는 동안 이 세 가지를 얻기 위해 항상 노력하고 투쟁하고 있다. 이 셋 중 '주(住)'는 보금자리를 뜻하는 말로 주거지, 주택 등으로도 불린다. 인간이 살아가는 데 있어서 꼭 필요한 세 가지 중 가장 마지막에 위치하고 있는 이유는 가장 구하기 어려워서

13
시장조사 전문기업 마크로밀엠브레인의 트렌드 모니터가 전국 만 13~59세 남녀 2,500명을 대상으로 한 설문조사 결과, '내 집 마련에 대한 욕구'가 2001년 (73.3%)에서 2016년(63.1%)로 상당 부분 감소했다.

이다.

2001년에는 모든 연령대에서 집의 소유욕이 비슷하게 높았던 것에 비해 2016년의 조사[13]에서는 젊은 세대를 중심으로 집이 반드시 있어야 한다는 인식이 크게 줄어들었다.

주택 구입비용이 매우 비싸진 데다가 결혼연령이 늦어지고 취업이 어려워지는 등 다양한 사회적 요인들이 복합적으로 작용하면서, 젊은 층의 내 집 마련에 대한 기대감/자신감이 줄어들었다고 해석할 수 있다. 주거공간에 대한 인식 중에서는 개인 공간을 중요하게 생각하는 태도가 커진 것이 가장 눈에 띈다. 같은 평수라면, 방의 개수가 적더라도 큰 방이 있는 집이 좋다는 의견이 41.6%로, 2001년(77.6%)에 비해 매우 큰 폭으로 줄어든 것인데 달리 말하면 방의 개수가 많아서 개인의 독립적인 공간을 확보할 수 있는 주거공간에 대한 선호도가 커졌다는 것을 의미한다.

이는 우리 사회의 개인화 성향이 심해지고 나만의 공간을 중요하게 생각하는 사람들이 전반적으로 많아졌음을 보여주는 결과로 볼 수 있다.

귀농/귀촌 관련한 주택에 대한 설문 조사 결과를 요약하면 귀농/귀촌 시 부부 2명이 동반하여 거주하며, 그들이 선호하는 방의 개수는 3개, 규모는 30평 이하로

13
시장조사 전문기업 마크로밀엠브레인의 트렌드 모니터가 전국 만 13~59세 남녀 2,500명을 대상으로 한 설문조사 결과, '내 집 마련에 대한 욕구'가 2001년(73.3%)에서 2016년(63.1%)로 상당 부분 감소했다.

나타낼 수 있다.

향기촌이 관심을 가지고 적용하려고 하는 소규모 주택에 대한 인식은 다음과 같다. 주택 구입의 기준이 진정한 가족의 삶을 위한 주거 만족도로 옮겨가면서 단독주택 수요자들은 보다 다양하고 개성 있는 소규모 주택건축을 희망하는 것으로 나타나고 있고 그 비율도 점진적으로 증가하고 있음을 보여준다.

또한, 주거모델에 대한 트렌드도 새롭고 다양한 형태로 바뀌고 있다. 새로운 주거모델의 선호와 공동체 운동의 확산으로 공동 주거 개념을 실현하기 위한 다양한 협동조합주택, 코하우징 모델이 대두되고 있다.

또한 1인 가구 증가에 따라 작은 평수의 소형주택을 임대하고 공동 생활공간을 공유하는 공유주택[14]이 새로운 주거형태로 인기를 끌고 있다.

협동조합주택은 주로 3~4인 가족으로 구성된 가구 단위와 특별한 사회적, 예술적 문화를 공유하는 집단을 중심으로 전개되고 있으며, 공동 육아를 위한 교육시설과 커뮤니티 교류 및 활동을 위한 공동 문화 공간 및 판매시설 등이 함께 결합되어 있다. 또한 다세대·다가구주택의 변형 모델로서 하나의 토지를 구분 소유하면

14
1970년대 덴마크에서 시작된 '코하우징'은 공동체와 근린의 개념을 재정의하는 새로운 주택형태로 등장하였는데 국내에서는 마포 성미산 공동체의 공동 주거 실험을 위한 소행주(소통이 있어 행복한 주택 만들기) 등의 사례가 소개되면서 전국으로 확산되었다.

서 두 개의 집을 하나의 주택처럼 붙여 짓는 '땅콩주택'은 '저렴한 비용으로 내 집 짓기'라는 매력적인 구매상품으로 인기를 끌고 있는데 같이 사는 즐거움, 육아 분담, 범죄로부터의 안전 등의 이점 덕분에 앞으로 점점 늘어날 것으로 전망된다. 반면, 공유주택은 주로 결혼하지 않은 20~30대들이 형성하는 1~2인 가구를 위한 새로운 주거 대안으로 확산되고 있다. 협동조합 주택이 완결된 1가구 단위로 구성이 된다면, 공유주택은 거실, 부엌, 화장실 등을 공용으로 사용하며 각각 개인의 방을 임대하는 방식으로 국내에서뿐만 아니라 미국, 유럽, 일본 등의 선진국에서도 확산되고 있는 방식으로 공유경제 서비스의 한 분야로 더욱 각광받고 있다.

협동조합주택과 공유주택은 새로운 주거생활에 대한 대안과 저렴한 주거 공급의 대안으로 정책적으로도 적극적으로 활용하고 있는데 민간 건설 시장의 주거상품 대안으로 활성화될 전망이다. 특히, 「협동조합기본법」 제정으로 다양한 협동조합의 구성과 이를 통한 사업의 다변화가 가능한 법적 기반이 마련됨으로써 유럽의 경우처럼 협동조합의 사업방식으로 추진하는 협동 조합주택에 대한 관심이 높아지고 있는 추세이다.

이와 연관하여 주거공간에 공유개념을 담는 시도로써 사업방식에서뿐만 아니라 건축 기획 및 공간 설계에서의 변화가 모색되고 있는데 거주자들이 함께 사용하고 소통할 수 있는 공유 공간 및 공공 공간 디자인의 중요성이 부각되면서, 일반 다세대·다가구주택에서도 공간 활용의 새로운 실험이 진행되고 있다.

　'협소주택'은 50㎡(약 15평) 이하의 토지에 건축된 좁고 작은 집을 뜻하는 용어로 1990년대 일본에서 등장하였다. 일본의 버블경제 시기 부동산 가격이 폭락하자 도심 밖으로 떠났던 도시 생활자가 다시 도시로 돌아오면서 작은 땅에 단독주택을 짓는 사례가 늘어나면서 등장 확산되었다.

　국내에서도 최근 2~3년 사이에 이러한 협소주택을 선호하는 수요가 등장하였는데 주로 1~3인 부부와 자녀로 구성된 가구들이 아파트 전세 품귀현상과 불안정한 부동산시장 등에서 기인한 '내 집 짓기'의 현실성 있는 전략으로 볼 수 있다.

　주로 주택가 골목 자투리땅이나 건물과 건물 사이의 좁은 공간에 자리하며, 버려진 공간을 활용하여 실용성과 나만의 개성을 살린 주택건축이 가능하다는 가장 큰 장점이다. 특히 제한된 예산 등의 한계상황을 합리적이고 최적화된 설계를 통해 해결안을 찾는 건축가들의 역할이 주목받고 있으며 이러한 협소주택은 그 수요적 측면 뿐만 아니라, 소규모 주택 밀집지구의 경관에 재미를 부여하는 요소로서도 긍정적으로 평가되고 있다.

다음은 소규모 주택시장의 새로운 스타트업으로 떠오르는 모듈러 주택, 공업화 주택은 효율성과 편의성의 극대화라는 측면에서 새로운 주거유형의 대안으로 주목받고 있다. 레고 블록을 쌓듯 컨테이너 형태의 유닛을 쌓아 올리는 조립식 건물은 일반적인 건축물 대비 공사 기간이 1~3개월로 짧고, 향후 증축 및 철거가 수월하다는 측면에서 각광받고 있다.

모듈러 건물은 분리한 이후에도 90% 이상 재활용이 가능하여 환경적으로 부담을 줄일 수 있는 장점이 있으며 최근 상업공간과 전시 공간 건축에서도 모듈러 건축이 활용되어 큰 인기를 얻는 등 새로운 건축 수요로 인기를 얻고 있다. 주택 건축에서도 모듈러 주택 전문 스타트업이 등장하는 등 조립식 건축의 확장이 예측되는데 일본 주택시장의 경우 이러한 모듈러 주택건축이 활성화되어 있어 민간시장의 다양한 단독주택 공급이 이루어지고 있다.

정부에서도 최근 1~2인 가구 수의 대폭적 증가로 소형주택에 대한 선호가 급부상함에 따라, 소형 집합 주거에 최적화된 첨단기술인 조립식(모듈러)주택에 대한 표준화 기술 확보와 실증연구의 필요성과 시급성을 배경으로 지난 2013년 수요자 맞춤형 조립식 주택기술개발 및 실증단지 구축이라는 국가 R&D사업 과제로 전국에서 유일하게 서울시가 선정됐으며 수서역 SRT 수서동 727부지가 선정돼 실증연구가 진행중에 있다.

향기촌은 주택 문제를 다음과 같이 접근하고자 한다. 귀농/귀촌을 꿈꾸지만 막상 실행에 옮기는 경우가 많지 않은데 가장 큰 이유 중 하나가 저렴한 비용으로 귀촌할 수 있는 소위 가성비 높은 귀촌 프로그램을 찾기가 어렵기 때문이다. 한편으로는 토지를 구입하였지만, 해당 부지가 나 홀로 외딴 터이거나 집을 지었을 경우 유지관리에 대한 부담, 그리고 집을 짓는 비용 등으로 고민하다가 포기하는 경우가 비일비재하다.

현재까지 우리나라에서 진행된 어떤 귀촌 프로그램을 보더라도 200평 부지에 20평의 집을 짓는데 소요되는 비용이 2억 원 이하인 경우는 찾을 수가 없다. 그러나 향기촌은 1,000평 땅(대지 100평 포함)에 15평 내외의 집을 짓는데 1억 원 이하로 가능한 귀촌 프로그램을 추진하고 있다. 즉, 집은 소박하게, 공동시설은 편리하게, 비용을 저렴하게 하면서 귀촌에 따른 부담을 줄이고 문화 콘텐츠가 살아 숨 쉬는 슬기로운 마을 공동체를 만드는 향기촌의 귀촌 프로그램은 지금까지 시도된 적이 없었던 접근 방식으로 추진하고자 한다.

이를 위해 가장 먼저 집을 구매하고자 한다. 전원주택 전문기업들이 많은 노하우와 경험의 축적이 좋은 상품의 소규모 전원주택을 PRE-FAB 개념의 모듈하우스, 블록하우스는 물론, 이동주택 등 다양한 주택 중에 하나를 선정하여 저렴하게 공동구매할 것이다.

　우선적으로 10세대 분을 먼저 지은 다음 이를 모델로 하여 매년 40세대 이내로 지속적으로 지어나가는 가운데 부지를 최대한 효율적으로 사용할 것이다. 이에 대한 구체적인 계획은 전문성과 경험을 가장 많이 축적한 건축사사무소와 협의하여 진행할 것이다. 한편 주택의 디자인 및 배치 등 건축 플랜은 주민 합의에 의거하여 실행에 옮겨질 것인데 기본 콘셉트는 자연발생적인 느낌의 마을을 만드는 환경친화적인 원칙하에 진행한다는 것이다. 이를 위하여 전문가들이 참여하는 자문위원회가 맡은 바 역할을 충실히 할 것이다.

　기본적인 주택 건설에 따른 접근방법은 앞서 언급한 대로 주민들의 자치를 전제로 하는 것으로 다음과 같다.

주거 환경은 마을 복지 및 편의성을 고려하고 아울러 한국의 전통적인 마을공동체를 복원하는 차원에서 조성한다.

　① 마을에는 도시에 버금가는 편의시설을 갖출 것이다. 단, 도시는 시장경제에 따른 경제적 원리로 비용을 부담해야 하지만 향기촌은 재능기부와 사회적 경계 기반의 마을 복지 차원에서 공용시설 형태로 운영한다.

　② 세대 간 공감과 협력을 충분히 이끌어낼 수 있는 주거환경을 구축한다.

③ 일과 주거가 융합된 인간과 자연이 소통하는 환경을 마련한다.

소박한 집을 지향하며 바람직한 모델로 15평 내외의 소형주택을 건축한다.

① 쓸데없이 덩치만 큰 주택에 눌려 사는 것은 바람직하지 않다. 만약 지인과 가족들이 방문할 경우에는 옆집 혹은 게스트하우스를 활용하면 될 것이다.

② 집을 관리하는 비용이 늘어나는 것은 생존비용을 증가시키는 것으로 후반기 삶을 지혜롭게 사는 방식이 결코 아니다.

③ 주방시설과 세탁시설은 최소화하는 것을 원칙으로 한다.

④ 집의 위치 및 경계는 마을 사무국과 협의하여 정한다.

3) 편의성과 경제성을 충족시키는 전문기업의 주택을 공동구매한다.

연차적으로 건축을 희망하는 주민을 모집하고, 전문기업을 5개 이상 방문하여 실제 주택을 체험하고 평가한 후 그 결과에 따라 대상 주택을 해당 주민의 합의로 선정한다.

20가구 단위로 연간 40세대 내외로 단계적으로 건축한다.

부지를 효율적으로 사용하기 위해 국토 이용 변경 등의 도시 계획적인 개발방식은 선택하지 않는다. 왜냐하면 이와 같은 방식은 또 다른 비용을 부담해야하기 때문이다. 따라서 자연스럽게 촌락이 만들어지는 형태로 향기촌 주택은 건축될 것이다.

주택건축 시 정주민의 유휴 노동력을 최대한 활용한다.

① 주택 건축비용 중 상당 부분이 인건비라는 것은 주지의 사실이다. 따라서 이러한 비용을 경감하기 위해 행복집 짓기 프로그램의 일환으로 주민들의 유휴 노동력을 활용하는 방안을 긍정적으로 검토하고 있다.

② 데크를 만드는 것과 같은 단순한 일, 현장 정리 및

청소, 도배, 내장 등을 예로 들 수가 있는데 경험이 누적되면, 보다 난이도가 높은 작업에도 도전할 수가 있을 것이다. 이와 같은 방식은 건축에 참여한 주민에게는 일종의 소득을 제공할 수 있으며 건축주는 주택건축 비용을 절감할 수 있을 것이다.

사업과 연계된 주거 시설 건축을 가능하게 한다.
(사업연계 주거 시설 희망 시)

　　　주민이 사업과 관련하여 형태가 다른 주택을 건축하고자 원하는 경우에는 향기촌과 협의하여 추진할 수 있다. 이와 같은 예외사항은 향기촌 운영위원회와 협의하여 향기촌의 공동체 운영에 손상이 없는 방식이면 얼마든지 진행이 가능하다.

주민의 자유의지를 존중한다.

　　　① 향기촌에서 자신이 원하는 주택을 짓고 산다는 것은 반드시 지켜져야 할 주민의 소중한 권리 중 하나로 마땅히 존중되어야 한다.

　　　② 한편으로는 공동체의 공유정책도 존중되어져야 할 것이다. 이러한 사항 역시 향기촌 운영위원회와의 협의를 거쳐 항상 긍정적인 방향으로 진행될 것이다.

향기촌 관리 및
운영 체계

관리 주체

통계에 따르면 지난 2016년 말 기준으로 귀농(歸農) 12,875명, 귀촌(歸村) 322,508호, 귀어(歸魚) 929호, 총인구는 497,386명이다. 이는 전년 488,084명보다 약 2%가 증가한 숫자로 최근 5년간 귀농·귀촌이 연평균 2.9%씩 증가하고 있다. 이러한 증가 추세는 앞으로도 지속될 전망이며, 베이비부머 세대 은퇴가 가속화되고 기대수명 증가로 장년층도 귀농귀촌의 흐름에 활발하게 편승할 것으로 예측되고 있다. 그러나 이 못지않게 실패 사례들도 지속적으로 증가하고 있다. 소득 부족, 생활 불편, 이웃 갈등·고립감, 자녀교육 등이 그 주요 원인으로 분석되고 있다. 특히 집단 귀촌의 경우는 '관리주체 문제'를 중요한 실패 원인 중 하나로 들고 있다. 관리 주체의 역할은 사회적 관계에서 만들어지는 필연적인 갈등, 이견의 조정과 해소는 물론이고 새로이 만들어진 사회적 관계를 보다 발전시키고 지속가능하게 한다.

향기촌의 경우 기획 시점부터 아주 정밀한 공동체를 설계하였고, 그 공동체를 지속가능하게 하는 관리 주체를 사색의향기 문화원으로 명확하게 규정하였다. 지난 2004년 설립 이래 지금까지 행복한 문화나눔 공동체를 구축하는 과정에서 쌓은 역량과 경험을 가지고 있는 사색의향기 문화원은 관리 주체로서 필요한 '역량과 경험'이라는 요소를 모두 갖추고 있다. 따라서 사색의향기 문화원은 향기촌의 관리 주체로서의 역할을 그 누구보다도 잘 수행할 수 있을 것으로 확신하고 있다.

향기촌은 기본 이념 및 사상, 회원 상호 간의 신뢰 관계를 바탕으로 도시와 농촌 모두를 이롭게 하는 도농 상생 프로젝트로 만들어지고 있는 마을공동체이다. 이러한 프로젝트를 성공적으로 수행하기 위해 반드시 필요한 것이 전국적인 휴먼네트워크 기반인데 이 또한 관리 주체인 사색의향기 문화원이 든든하게 지원하고 있다.

향기촌은 지난 19년간 지속적으로 행복한 문화나눔 운동을 펼쳐온 사색의향기 문화원의 노력의 결정체로 향기촌 운영을 통하여 사색의향기 문화원도 거듭날 수 있을 것이다.

향기촌 운영규정에는 다음과 같이 규정하고 있다.

제4조(향기촌 관리주체) 향기촌 관리 주체는 사색의 향기 문화원이다. 향기촌 관리 주체는 향기촌의 중장기 계획을 수립하고 이를 잘 실행할 수 있도록 향기촌의 이념과 정체성을 유지 발전시키며, 향기촌 재정을 보증하고 주어진 기반을 최대한 활용하여 지속적으로 향기촌이 발전할 수 있도록 운영을 지원하는 동시에 주민자치에 적극적으로 기여하여야 한다.

사색의향기 문화원은 오직 향기촌 주민에 의한, 주민을 위한, 주민의 관리 주체 역할을 묵묵히 수행해나갈 것이다.

운영 체계

'When in Rome, do as the Romans do.' 우리 모두가 익히 잘 아는 '로마에 가면 로마법을 따라야 한다'는 말이다. 그 유래는 기독교 초기, 단식일 관련해서 아우구스티누스가 그의 선배인 안부로지우스에게 물어보니 '로마에 있을 때는 로마사람들이 하는 대로 하는 게 좋다'라고 답해 주었고, 그 이후 후대에 내려오면서 '로마에 가면 로마법을 따라야 한다'는 것으로 사용되어왔다. 즉, 남의 나라에 가면 그 나라 법을 따라야 하고, 다른 가문(家門)에 가면 그 가문의 법도를 따라야 하는 것으로 쓰여 왔다.

어떤 조직이든 나름대로의 운영체계 및 운영 Rule을 가지고 있고, 이것이 잘 지켜질 때, 그 조직은 지속가능하게 되고 성장 발전하게 됨을 우리는 잘 알고 있다.

향기촌은 기획 및 설계 단계에서 향기촌 운영에 관련한 체계 및 규정을 준비해 두었다. 달리 말하면 '향기촌에 가면 향기촌 규정을 따르면 된다'를 미리 마련해 둔 것이다. 향기촌은 효율적인 운영을 위해 '관리주체'와 '운영주체' 그리고 각 조직의 협력체계가 향기촌 행복마을 공동체의 목적 실현을 위하여 서로 간의 R&R(Role & Responsibility : 책임과 역할)을 명확하게 구분하여 'Set up'하였다. 향기촌의 관리 주체는 앞에서 살펴보았듯이 2004년 설립 이래 19년 동안 회원들과 신뢰 관계를 구축하고 이를 기반으로 향기촌 사업을 기획한 사색의 향기 문화원이다.

사색의향기 문화원은 도시를 중심으로 지방에 이르기까지 행복한 문화나눔 활동을 펼쳐오면서 공동체 구축 및 운영에 관한 노하우를 축적하여왔다. 따라서 향기촌은 구축해야 할 공동체에 대한 명확한 이념과 정체성을 가지고 있으며, 이를 토대로 지속가능한 발전을 할 수 있는 체계가 잘 마련되었다고 해도 과언이 아닐 것이다. 즉, 회원들과의 신뢰를 바탕으로 끊임없이 사회공헌을 위해 노력해 온 관리 주체 사색의향기 문화원의 정체성이 향기촌에 그대로 투영되어있는 것이다.

향기촌의 운영 주체와 그 운영 원칙은 상기한 관리 주체의 R&R에 연계하여 다음과 같이 규정되어 있다.

"제5조(향기촌 운영주체 및 운영원칙) 향기촌의 운영 주체는 향기촌 주민총회(혹은 지주협의회)를 대리하는 '향기촌 운영위원회'이며, 운영 주체는 구체적인 운영 원칙을 수립하고 이에 따른 주민자치를 실시해야 할 의무를 지닌다."

지속가능한 조직이 가져야 하는 운영규정은 기본적으로 민주성, 기여성, 예측성을 충분히 고려한 운영의 자주성과 자율성을 보장할 수 있어야 한다. 이는 국가 혹은 지자체도 구현하기가 어려운 직접 민주주의를 향기촌이라는 자치 조직이 실행하는 것이라고 이해해도 무방할 것이다. 따라서 향기촌의 운영에 참여하는 임원들은 자주성과 자율성에 입각해서 향기촌 운영에 기여하여야 하며 이를 통하여 운영 주체의 선순환 구조를 실현하여야 할 것이다.

이상과 같은 운영 원칙은 '토지 공개념'에 의한 사회적 경제 시스템을 적용한 것으로, 공익을 증대하여 이를 바탕으로 기본소득제를 실현하며, 또한 구성원(주민)이 하고자 하는 사업에 독점성을 부여하되 주민들 스스로가 협력과 협업을 Networking할 수 있는 구조를 만들어 줄 것이다.

향기촌은 특정인이 주인이 아닌 모든 구성원이 주인이 되는 'Public Ownership'을 지향하고 이를 적극적으로 구현해 나갈 것이다. 이를 위하여, 향기촌 자치의 중심 조직인 운영위원회는 다음과 같이 5개 소위원회로 나뉘어 활동하게 되며, 향기촌 주민은 누구든지 언제나 참여가 가능한 구조로 되어 있다.

① 자치위원회 : 자치 행정 담당

② 사업위원회 : 공공사업 및 공익사업 담당

③ 협력위원회 : 대외 협력 업무 전반을 담당

④ 교육문화위원회 : 농촌체험학교 및 회원교육 전반 등 교육 및
문화사업을 담당
⑤ 복지위원회 : 진료 및 요양, 지원시설 업무 담당

　이외에도 전문성을 가지고 향기촌 운영을 지원하는 고
문단, 자문위원회와 운영에 관한 행정 지원을 전적으로 담당하
는 사무국, 여성 주민들의 사업 및 운영을 지원하는 부녀회 등
을 설치하여 향기촌 행복마을이 지속가능한 귀촌 마을로 자리
매김하고 나아가서는 대한민국을 대표하는 귀촌 마을의 Best
Practice(모범경영)로 우뚝 설 수 있도록 최선의 노력을 경주
할 것이다.

민주성	기여성	예측성
모든 의사 결정은 주민자치회에서 결정한다.	향기촌 발전에 기여한 공로를 객관적으로 평가하여 모든 운영에 기초한다.	과정을 중시하고 서열과 기여도에 따라 예측 가능한 운영을 한다.

향기촌 유통 체계

향기촌은 농촌 기반의 마을공동체다.

향기촌 주민들이 이곳에서 생활하기 위해서는 농사를 짓는 등 자급자족을 위한 노력을 한다 해도 사실상 완전 자급자족은 어렵다. 따라서 자급자족 내지 마을 자체 교환 판매도 하겠지만 남는 생산품은 팔고 필요한 물품은 들여오는 것이 절대적으로 필요하므로 이에 따른 향기촌 나름대로의 유통체계를 구축하는 것이 매우 중요하다.

향기촌의 생활 기반은 농촌이지만 대부분의 주민들은 도시 출신이어서 향기촌의 유통 체계는 단순한 생산물의 교환이나 거래에 머물지 않고 삶을 함께 나누는 지역사회를 포함한 도·농 공동체 형태를 지향해야 한다.

때로는 생산자로, 때로는 소비자로 서로의 역할을 맞바꿔 가면서 서로의 건강과 생명을 책임지는 끈끈한 유대감에 바탕한 도·농 공동체 운동을 펼쳐 나갈 것이다.

주말이나 휴가, 방학 등을 이용한 도시 공동체 구성원의 방문과 일손 돕기, 계절 생태학교 참여, 수확축제 등 도·농 공동체간의 교류와 연대는 도농 직거래를 통한 농산물 제값 받기뿐만 아니라 귀촌 생활을 지지해 주는 든든한 응원군으로 역할을 할 것이다.

향기촌의 유통 체계는 주민 간 유통, 주민과 사색의향기 회원 간 유통 및 주민과 일반인과의 유통으로 나눌 수 있다.

먼저, 주민 간의 유통이다.

주민 간의 유통의 기본 원칙은 주민들이 생산하는 모든 생산품은 1차적으로 주민이 소비하는 것이다. 이를 위하여 이미 지역화폐(Culppy Coin)를 만들었으며 거래를 가능하게 하는 플랫폼 '향기촌 앱'도 개발 완료하여 운영중에 있다. 실물 및 전자지갑(향기촌 앱)의 주민계정 기반을 제공하고 이를 활용한 내부 거래 형태로 운영할 것이다.

다음은 향기촌 주민과 사색의향기 회원 간의 유통이다.

주민들이 생산한 생산품을 1차적으로 주민이 소비하지만 남는 생산품은 사색의향기 도시 회원들이 소비할 수 있도록 오픈된다. 주민 간의 유통과 마찬가지로 향기촌 앱을 통하여 거래가 이루어지고 처리된다. 지역의 농산물을 매입하거나 향기촌이 직접 생산한 먹을거리를 시장 봐주는 형식의 꾸러미 상품 형태로 도시에 거주하는 사색의향기 회원들에게 공급되는 도농 공생 거래의 진수를 보여줄 것이다.

그 다음은 주민과 일반인과의 유통이다.
주민과 일반인 간의 유통은 농산물과 비(非)농산물로 나눠 유통 체계를 설정하고 있다. 먼저 농산물 유통은 향기촌이 생산하는 농산물은 친환경농산물에 초점을 맞춰 생산한다. 관련 통계에 따르면 친환경농산물의 생산량은 큰 폭으로 증가하고 있으며, 친환경농산물의 연도별 증가율은 유기재배보다는 저농약 재배와 무농약 재배가 매우 높게 나타나고 있어서 향기촌도 이러한 추세에 발맞춰 친환경농산물을 생산할 것이다.

친환경농산물의 유통은 일반 농산물과 다른 특성을 가지고 있다.
우선 품목별 주산지가 없고 다품목 소량 생산을 특징으로 한다. 일반 농산물에 비해 외견상 상품성이 낮아 일반 소비자로부터 우수한 상품으로 인식되기 어려워 불가피하게 인증표시

를 위해 농산물의 대부분을 산지 소포장해야 하는 등 유통비
용이 과다하게 발생하는 것이 현실이다.

또한, 물류시설이나 판매장에서 회전율이 낮아 저온
창고, 쇼케이스 등 저온유통시설이 필수적이며, 도매시장을
통한 가격 결정 기능이 없어 가격이 제각각이며 전반적으로
판매가격이 높아 수요 확대가 부진하므로 생협 중심의 직거래
위주의 판매가 주류를 이루었으나 최근에는 대형소매점, 전문
매장, 인터넷판매 등으로 경로가 다양해지고 있다.

향기촌은 주로 도시에 거주하는 사색의향기 회원들을
대상으로 한 유통 경험을 최대한 살리는 방향으로 점진적으로
유통 채널을 확대하여 궁극적으로는 일반인 대상으로도 판매
할 것이다. 이를 위해서 향기촌 농산물을 미리 구매한 사색의
향기 회원들을 대상으로 소비자 만족도를 철저히 조사한 다
음 문제점을 보완한 후 소수의 소비자 대상의 틈새시장(High
End 시장 포함)을 타겟(Target)으로 직거래 중심의 유통 체계
를 구축할 것이다.

다음은 비농산물에 대한 유통 체계다.
향기촌은 교육체계에서 언급한 바 있는 '외부 소통교육'에 초
점을 맞춰 유통 채널을 구축한다.

외부 소통교육 상품은 다양하다. 도시 청소년을 위한

농촌체험 및 농촌유학 상품, 대안학교 상품, 전문 교육 상품으로 민족, 국가의 정체성 및 지역사회에 대한 이해, 인류의 문명 발전 및 미래사회에 대한 통찰력 제고, 농촌사회에 대한 이해, 제4차 산업혁명 & 제6차 산업에 대한 이해, 생태계 및 생명윤리에 대한 이해, 세대 차이에 대한 이해 및 세대 소통의 길 모색 등을 들 수 있다.

외부 소통교육의 유통을 위해서는 사색의향기 회원의 인적 네트워크, 이웃 마을을 비롯한 지역사회와의 사회망, 지자체와의 협력망 등을 최대한 활용하는 차원에서 유통 체계가 구축될 것이다.

농촌 융복합
체계 구축

21세기 세계 경제는 6T(IT, BT, ET, NT, ST, CT)의 첨단기술과 1차, 2차, 3차 산업 간의 창조적 결합을 통해 융복합 시대로 급속히 전환되고 있다. 제4차 산업혁명을 가능하게 하는 새로운 기술들이 기존의 산업과 결합되면서 산업 전 분야에 걸쳐 융복합이 진행되고 있다. 산업 간 구분이 모호해지고, 가치사슬의 변화 및 새로운 융합서비스가 계속적으로 출현하고 있다.

농업 분야 또한 다른 산업군과 마찬가지로 융복합이 활발하게 일어나고 있다. 지난 반세기 동안 우리나라 농업은 정부의 다양한 농업생산정책을 통해 1978년에는 쌀 자급을 이루어내는 등 나름대로 성장과 발전을 보였으나 FTA 체결에 따른 농산물 시장개방의 확대로 한국농업 성장의 정체 내지 위축 현상이 생겨난 것도 사실이다. 특히 중국과의 FTA가 2015년 12월 20일부터 발효되었고 매년 그 범위를 확대하고 있어서 여기에 대해 효과적인 대응을 하지 못할 경우 한국농업의 실질적인 위축 추세는 더욱 오래 지속될 것이다.

　　한국의 농업이 국제 경쟁력을 확보하기 위해서는 이제 첨단과학기술을 얼마나 확보할 수 있는지가 매우 중요하며 선진국에 비해 영농규모가 작고 노동력이 빈약한 국내 농업의 여건을 효과적으로 극복하기 위해서는 IT, BT 등 첨단기술을 농업분야에 접목시킨 농업의 융복합 체계 구축을 통해 제6차 산업을 활성화할 수 있어야 그 승부가 가능해진다.

　　농업의 경쟁력은 1차 생산물만으로는 이미 한계에 도달하였기 때문에 농업의 지속 성장을 위해서는 전통적인 생산방식에서 탈피하여 1차(작물생산 및 가축사육 등), 2차(가공·유통) 및 3차(체험·관광)를 결합한 6차 산업으로 농업을 업그레이드해야 하며 더 나아가 '6차 +α'까지 목표를 설정하고 이를 달성하기 위한 노력을 경주해야 한다. 즉, 농업생산물이 보다 많은 부가가치를 가질 수 있도록 IT(정보통신기술), BT(생명공학기술), GT(녹색기술), NT(나노기술) 등 첨단과학기술이 함께 결합된 융복합 체계가 구축되어야 한다. 농업분야에서도 이미 IT 기술, 바이오기술 등의 활용이 확대되고 있으며, 이제는 활용을 넘어 양 산업 간의 융합을 가속화시키는 농업[15] 의 Paradigm Shift가 빠른 속도로 진행되고 있다.

향기촌이 농업 융복합 체계 구축을 통해 마을 주민들의 수익 활동을 효과적으로 지원하기 위해서는 상기한 제6차 산업 및 관련 기술 등을 잘 숙지하고 특히 관련 법규인 '농촌융복합산업 육성 및 지원에 관한 법률(제정 14.6.3, 시행15.6.3)'에 대해 충분하고 명확하게 이해한 후 제6차 산업에 해당하는 농촌융복합산업[16]을 추진하는 것이 무엇보다 중요하다.

'농업(1차 산업)과 농촌에 존재하는 모든 유·무형의 자원을 바탕으로 식품·특산품 제조·가공(2차 산업) 및 유통·판매, 문화·체험·관광 서비스(3차 산업) 등을 연계함으로써 새로운 부가가치를 창출하는 산업'을 가리키는 것이다.

① 주된 사업장이 소재한 지방자치단체에서 자가 생산 또는 계약재배를 통하여 생산되는 농산물을 주원료로 사용하여 식품 또는 가공품을 제조하는 산업,

② 해당 지역에서 생산된 농산물이

[15] 현대 농업은 1차, 2차, 3차 산업이 결합된 융복합 산업(6차)이며, 단순한 먹거리 생산 위주의 농업에서 벗어나 IT, BT, ET, NT, ST, CT 등 첨단 기술과의 융복합을 통해 스마트농업, 정밀농업, 생명농업, 문화농업, 관광농업, 우주농업 등의 고부가가치 산업으로 급속하게 발전해 가고 있다.

[16] 시농촌융복합산업법에 따르면 농촌융복합산업은 "농업인 또는 농촌 지역에 거주하는 자가 농촌 지역의 농산물·자연·문화 등 유형·무형의 자원을 이용하여 식품 가공 등 제조업, 유통·관광 등 서비스업 및 이와 관련된 재화 또는 용역을 복합적으로 결합하여 제공함으로써 부가가치를 창출하거나 높이는 산업"으로 정의되어 있다.

나 ①의 산업에서 생산된 식품 또는 가공품을 직접 소비자에게 판매하는 산업,

　　　③ 농촌 지역의 유·무형 자원을 활용하여 체험·관광·외식 등 서비스업을 제공하는 산업 및 ①, ②, ③ 중 둘 이상이 혼합된 산업.

　　향기촌은 제6차 산업인 농촌융복합산업을 관련 법령을 충분히 숙지한 후에 사업을 추진할 것이다. 즉, 농업·농촌의 어려운 상황과 농업 축소, 농촌경제 활력 저하, 농촌 과소화·공동화, 지역의 성장 역량 저하라는 현상을 명확하게 인식하고 악순환의 고리를 끊기 위해 농업·농촌의 고유한 자원과 발전경로에 입각한 농촌 활성화 차원에서 6차 산업화를 적극적으로 추진할 것이다. 특히 농업생산을 기반으로 가공·유통·관광 등 2·3차 산업과의 융복합을 통해 농촌경제의 새로운 부가가치 순환을 도모하고 일자리 창출 등을 통해 향기촌을 비롯해서 이웃 마을까지도 혜택을 누릴 수 있도록 최선의 노력을 경주할 것이다. 이를 위해 IT, BT 등 첨단 과학 접목, 식품 및 농산품 소비시장의 확대, 농촌의 다원적 가치에 입각한 체험·관광에 대한 국민 인식의 제고를 시키는 등 제6차 산업을 통해 보다 많은 가치를 창출할 수 있도록 지속적으로 노력할 것이다.

〈농업분야 융복합 범위〉

자료 : 한국농촌경제연구원, 2012, 농산업경쟁력, 전략을 재점검한다.

향기촌 교육 철학 및 체계

마을공동체를 만드는 일은 '외형적 만들기'도 중요하지만 '내용적 만들기'가 보다 더 중요하다. 향기촌은 만들고자 하는 대상이 마을이라는 물리적인 공간에 머무르지 않는다는 발상의 전환을 하였다. 과거 마을이라는 물리적인 공간은 마을 주민들의 자치, 문화, 경제활동을 규정하는 외연적인 틀이었다. 물질의 자유로운 이동이 어렵고, 다른 지역에서 에너지의 유입이 어려운 상황에서 마을은 삶을 꾸려가기 위한 가장 작고 효율적인 공간 영역이었다. 이제 물질과 에너지의 자유로운 유입과 유출이 허락되고, 더구나 정보를 손쉽게 전달하는 현대에 들어 그런 외연적 틀은 더 이상 의미를 지니기 어려워졌다. 따라서 향기촌이 추구하는 마을 만들기의 대상은 물리적 공간

을 넘어 실천적 활동을 담고 있는 주민의 자발적 활동에 초점
을 맞추고 있다. 마을 만들기의 구체적인 내용은 풀뿌리 자치
운동이자, 다양성을 담보하는 주민참여 문화운동이다. 또한,
향기촌 입주 전의 계층이나 소득과 상관없이 향기촌 주민 모
두가 수평적으로 향기촌의 삶을 향유하는 생명 공동체 운동이
다. 향기촌은 기존의 마을이라는 작은 공간에서 벗어나 보다
넓은 범위에서의 공동체 운동으로 발전을 모색하는 가운데 여
기에 가장 필요한 공동체 교육을 수립하고 운영할 계획이다.

공동체 교육의 철학적 배경 및 지향점

마을공동체 교육과 관련한 철학적 배경은 실용주의 대가이자
교육철학자인 듀이(John Dewey)로부터 출발한다. 듀이는 당

대 혁신학교와 같은 실험학교를 만들면서 학교와 지역사회의 연계를 매우 중요하게 생각하고 민주주의 학교, 지역사회 학교 개념을 1890년대부터 실제로 구현하고자 노력하였다.

"진정한 공동체가 형성된 곳은 이분법적인 관점과 삶의 방식을 깬 곳이다."라고 한 듀이는 이론과 실천이 분리된 곳, 몸과 마음이 분리된 곳, 과거와 현재와 미래가 분리된 곳에는 공동체를 형성할 수 없다고 인식하였다.

듀이는 "공동체를 위해서 교육과 철학과 민주주의를 동일 선상에서 보라."라고 주장하면서 교육적이고 철학적이고 민주주의적인 것이 바로 공동체의 본질임을 선언하였다. 듀이는 공동체를 'common'이라는 공통 요소를 가지고 있는 〈'공동(common)', '공동체(community)', '의사소통(communication)'〉의 집단이라고 파악하였다. 사람들이 '공동체'에서 살아가는 것은 그들이 무엇인가를 '공동'으로 갖고 있기 때문이며, '의사소통'은 그 '공동'의 것을 가지게 되는 과정으로 사람들이 사회를 이룩하기 위하여 공동으로 가지고 있어야 하는 것은 목적, 신념, 포부, 지식, 공동의 이해, 또는 사회학자들이 말하는 동지의식(like-mindedness)이다. 의사소통, 그리고 그것으로 인한 공동의 이해에의 참여, 이것이야말로 사람들로 하여금 유사한 정서적, 지적 성향을 갖게 해주며, 기대와 요구조건에 대하여 유사한 방식으로 반응할 수 있도록 해준다고 듀이는 이해하였다.

　　듀이에 따르면, 공동체에서 가장 중요한 것은 '상식과 소통을 충분히 갖는 일'이며 그래야만 공동체가 의미 있고 오랫동안 지속될 수 있다고 한다. 따라서 공동체의 교육의 지향점은 '상식과 소통을 충분히 갖도록 하는 것'이어야 할 것이다.

　　듀이는 상식과 소통 외에 '민주주의'를 강조하였다. 그는 '생활양식으로서의 민주주의'는 공동체 형성에 근간을 이루는 것으로 "단순한 정부형태가 아닌 보다 근본적인 공동생활의 양식이고, 경험을 전달하고 공유하는 방식"이라고 말하였다. 듀이는 '생활양식으로서의 민주주의'에 대한 핵심 개념으로 '흥미 혹은 관심(interest)'과 '상호작용(interaction)'의 두 가지를 제시하였다. 이 개념 역시 공동체 교육의 지향점이라고 할 수 있을 것이다.

향기촌 교육체계

향기촌은 마을공동체를 지속가능하게 성장시키고 발전하기 위한 '공동체 교육'과 외부와 소통하고 협력할 수 있는 '외부 소통교육'으로 나누어 주민을 중심으로 한 내부 전문가 그룹과 외부 전문가 그룹 간의 지속적인 커뮤니케이션을 통해 해당 교육 프로그램을 개발하고 운영할 것이다.

● 향기촌의 교육체계

구분	향기촌 공동체 교육	향기촌 외부 소통 교육	
		기간 회원	일반 회원
담당	향기촌 교육국	사색의향기 연수원 향기촌운영위원회	향기학당 (가칭, 별도 법인)
내용	공동체 정체성 존중과 배려 커뮤니케이션(민주적 의사결정) 사회적 경제(공유경제) 향기촌 앱 & 컬피코인	+ Workshop + Membership Training + Event	+ 대안 교육 + 체험 교육 + 농촌유학교육

● 향기촌의 교육 방향

① 교사 중심과 학생 중심의 이분법을 넘어선 교학상
장 교육

② 생명 평화학과 인문학을 통하여 생명을 존중하고,
하늘 땅 생명들과 더불어 사는 힘을 키우고, 삶의 자기규율을
증진하는 배움과 함께 평화를 위해 함께 실천하는 교육

③ 적정기술과 슬로라이프 산업(슬로푸드, 슬로패션,
슬로건축, 자연의학, 풍류예술)을 통하여 일상을 주체적으로
살아갈 수 있는 삶의 기술을 배우고 익히는 동시에 스스로 독
립적인 자립경제를 구축할 수 있는 실사구시적인 전인 교육.

④ 정주를 통한 공동체 교육과 유목을 통한 자유의 교육

　　⑤ 아날로그형 인간과 디지털형 인간 어느 한쪽에 치우치지 않는 균형 잡힌 교육

　　⑥ 에너제틱한 교사(교수)와 청소년(청장년)들이 엮어나가는 Beyond School, New School (간디학교의 모토)

공동체 교육

　　공동체 교육은 지속가능한 마을공동체, 원활하게 굴러가는 마을공동체를 만들기 위해 공동체 구성원인 마을 주민을 대상으로 다음과 같은 목적을 가지고 진행된다.

　　① 공동체의 정체성 이해

　　② 너와 나를 구분하는 사고의 틀을 벗어나 다양한 구성원 포용 및 통합

　　③ 협력적이고 유연한 사고를 통해 공동의 관심사 창출

　　④ 관용, 존중, 배려, 상린을 통한 공동체 차원의 지속적 협력과 커뮤니케이션 지원

　　⑤ 공동 이익을 위해 구성원으로서 가져야 할 책임의식 함양

　　⑥ 사회적 경제에 대한 이해

　　상기한 사항을 기본으로 향기촌은 다음과 같이 공동체 생활을 위한 교육을 실시한다.

입촌 교육

향기촌에 입촌하는 주민은 공동체 생활에 있어서 기본이 되는 입촌 교육을 받아야 한다. 우선적으로 향기촌이 무엇인지에 대한 이해를 하는 교육이 실시된다. 구체적인 내용은 사색의향기 이념, 향기촌의 이념 등 앞으로 살아가야 할 공동체의 정체성 이해 및 요양사 자격 교육 등 주민으로서의 의무와 권리에 대한 교육이 중심이 될 것이다. 다음으로는 마을 운영시스템과 컬피코인(cc)에 관한 교육, 향기촌 앱의 사용법과 마을 부엌 운영 및 참여 교육, 사업을 하고자 하는 주민을 위한 사업 등록 및 허가받는 과정 교육 등을 받게 된다.

공동체 교육

공동체 개념에 대한 이해를 중심으로 실시된다. 내용으로는 공동체의 정체성, 공동체의 성공 및 실패 사례 등이 주가 된다. 도시의 자본주의 전사로 살아온 향기촌 주민들이 농촌 기반의 공동체 마을에서 잘 적응하도록 도와주는 인문학 교육은 물론이고 도시 포기에서 오는 상실감을 보상할 수 있는 풍류도 배우게 된다. 또한, 공동체 생활에 필요한 협력과 나눔을 공유하고 이를 실천하는 모델을 직접 만들어 가는 과정을 학습하게 된다.

마을공동체 지도자 교육

어떠한 조직이든지 성장하고 발전하기 위해서 가장 중
요한 것 중의 하나가 리더십이다. 향기촌 행복문화나눔 공동
체를 설립하고 우리나라를 대표하는 성공한 귀촌마을로 성장
발전시키는 데 있어서 중심적인 역할을 수행할 공동체 지도자
를 육성하는 교육을 한다. 리더십에 대한 이해 및 실천을 중점
적으로 교육하며 향후 공동체를 주도적으로 이끌고 나갈 미래
의 지도자 육성도 함께 시행할 것이다.

사회적 경제 이해 교육

공동체를 원활하게 돌아가게 하는 것은 인체의 혈액
순환에 해당하는 경제이다. 개개인은 부족한 존재임을 인정하
고 공동체 내에서 협업하는 과정을 통하여 사람중심 경제 시
스템을 이해하고 이를 운영할 수 있게 하는 교육을 실시한다.
사회적 경제와 공유경제를 중심으로 마을기업, 협동조합 등의
설립 및 운영에 관한 교육 등을 통해서 공동체 운영에 도움이
되는 다양한 사업을 발굴하고 성공적으로 수행할 수 있도록 교
육을 운영할 것이다.

외부 소통 교육

외부 소통 교육은 향기촌이 지속가능한 마을공동체로
자리 잡는 것 못지않게 이웃 마을을 비롯한 지역사회 나아가

서는 향후 향기촌 네트워크의 대상이 되는 우리나라 전역을 대상으로 소통하고 화합하고 협력하는 장을 만들기 위한 것이다. 대안학교, 체험학교, 전문교육기관을 중심으로 다음과 같은 방향성을 가지고 진행된다.

한민족의 뿌리 및 역사

바이칼호에서 출발하여 한반도로 오기까지의 민족의 시원 및 발전 과정을 알아보고 그 과정에서 흥망성쇠를 거듭하였던 나라와 그 역사를 알아 간다. 우리의 뿌리를 확인하는 것이야말로 우리 정체성을 확인하는 동시에 글로벌 시대의 우리의 든든한 버팀목이 되는 것임을 깨닫기 위한 것이다.

인류의 문명 발전 및 미래 사회에 대한 통찰력 제고

인류가 탄생하여 현재 호모 사피엔스로 오기까지의 발자취를 알아보고 이후 우리가 맞이하는 새로운 문명사회에서 호모 데우스 앞에 펼쳐지는 세상에 대한 통찰력을 높이기 위한 것이다.

농촌사회에 대한 이해

도시사회와 농촌사회의 비교 고찰을 통해 농촌사회에 대한 이해의 폭을 넓히는 동시에 국가에 기여할 수 있는 농촌

사회의 새로운 동력을 발견하기 위한 것이다. 다양한 형태의 농촌 체험 교육을 함께 진행한다.

제4차 산업혁명, 제6차 산업에 대한 이해

21세기를 이끌어나가는 제4차 산업혁명의 트렌드 및 핵심 기술에 대한 제반 사항을 살펴보고 과거의 1차산업을 탈피하고 융복합을 바탕으로 6차 산업으로 새롭게 탄생한 농업에 대한 이해를 제고하기 위한 것이다.

생태계 및 생명윤리에 대한 이해

인류와 마을이 공존하는 것은 커다란 생태계의 한 부분이며 이 생태계를 관통하는 생명윤리에 대한 다양한 접근 방식을 통하여 인간존중과 생명존중을 동일시하는 공존주의에 대해 탐구하는 것을 목표로 한다.

세대 차이에 대한 이해 및 세대 소통의 길 모색

100세 시대, 저출산의 시대에 가족관계가 붕괴될 위기를 겪고 있는 우리 사회의 현실을 직시하고 세대 차이를 인정하는 바탕 위에 세대 간에 소통하고 배려하고 존중하고 화합할 줄 아는 따뜻한 가족관계 중심의 새로운 세대 문화를 만들기 위한 것이다.

향기촌 도서관 운영

문화체육관광부가 발표한 '2017 국민독서실태조사' 결과에 따르면 2016년 10월부터 2017년 9월까지 1년간 일반도서(교과서, 학습참고서, 수험서, 잡지, 만화 제외)를 1권이라도 읽은 사람의 비율(독서율)은 성인 59.9%, 학생 91.7%로 나타났다. 이는 2015년 조사 때와 비교해 성인은 5.4%포인트, 학생은 3.2%포인트 감소한 수치며 1994년 처음 조사가 시작된 이후 역대 최저치다.

종이책 독서량은 성인 평균 8.3권으로 역시 2015년 조사 때의 9.1권보다 0.8권 줄어들었다. 학생의 독서량 역시 28.6권으로 2년 전 29.8권보다 감소했다.

단, 책을 1권 이상 읽은 성인(독서자)의 독서량은 평균 13.8권으로 2015년 조사 때 14권과 비슷해 전체 독서 인구는 줄었지만 독서자의 독서량은 꾸준한 것으로 나타났다.

그러나 본인의 독서량에 대해 '부족하다'고 생각하는 성인의 비율은 2011년 74.5%에서 2013년 67.0%, 2015년 64.9%, 2017년 59.6%로 지속해서 감소해 독서의 필요성에 대한 인식도 줄어들고 있는 것으로 분석됐다.

한 조사에 따르면 한국의 낮은 독서율의 원인은 여가 시간의 부족(성인의 경우 바쁜 사회생활로 인한 시간 부족, 청소년들은 입시 위주의 교육시스템으로 인한 외면), 독서 습관의 일상화 부재(독서의 심리적인 욕구 및 물리적 환경의 열악성), 경쟁 매체의 우월한 지위(텔레비전 시청, 인터넷 게임 등 다른 매체의 높은 의존도), 양질의 독서 콘텐츠 부재(베스트셀러 위주의 획일화된 독서문화), 학교나 부모의 역할 부족(입시 위주의 암기식 교육에 초점을 둠으로써 독서의 생활화, 습관화의 미비) 등으로 나타나기도 했다.

이상과 같은 독서실태는 우리의 독서수준을 여실히 보여주고 있다. 우리나라가 세계적으로 책을 읽지 않는다는 사실은 이미 잘 알려져 있으며 사회문제로 인식되고 있는 형편이다.

지하철이나 버스와 같은 대중교통을 이용하면 승객 대

부분이 휴대폰에 몰두해 있어서 책을 읽지 않는 모습을 목격하는 것은 지극히 흔한 일이다.

역사가 증명하듯이 책을 읽지 않는 국민과 나라는 희망도 미래도 없다. 창의성이 요구되는 현대 지식기반 경쟁 사회에서는 더욱 치명적이다.

세계 1위 부자인 빌 게이츠 마이크로소프트 기술고문은 "오늘의 나를 있게 한 것은 도서관이었고 하버드 졸업장보다 소중한 것이 독서하는 습관"이라고 말한 바 있다. '책 읽는 뇌'의 저자 매리언 울프 미국 터프츠대 교수는 "책을 안 읽으면 국민도 나라도 퇴보한다."고 단언했다. 실제로 경제협력개발기구(OECD) 조사에서 독서율은 각국 소득이나 경쟁력과 정확히 비례했다. 독서 강국 스웨덴(독서율 85.7%), 덴마크(84.9%), 영국·미국·독일(81.1%) 등이 세계경제포럼(WEF) 글로벌 경쟁력순위에서 최상위권을 차지한 게 우연이 아니다. 그런데도 우리 국민은 갈수록 책과 멀어지고 있다.

특히 어릴 때 책 읽는 습관을 들이는 것이 중요한데 우리 청소년들은 하루 평균 2~3시간을 스마트폰과 인터넷 등에 쓰면서도 38.5%가 학업 외에는 단 한 권의 책도 읽지 않는 것으로 나타났다. 심지어 학교에서는 책 읽기를 본받기는 커녕 책 읽는 학생을 왕따시키는 '책따' 현상까지 있을 정도라고 한다.

요즘 젊은 세대를 가리켜 '엄지 세대'라고 부른다. '엄지 세대'는 스마트폰을 늘 손에 들고 다니며 궁금한 것이 있을 때마다 검색을 통해 답을 얻는데, 이때 엄지손가락 두 개만 가지고 모든 것이 해결되기에 이렇게 불리는 것이다.

엄지 세대의 맹점은 검색에만 의존하여 스스로 답하는 힘을 잃어버릴 수 있다는 것이다. 클릭 한 번이면 답이 나오는데 굳이 힘들여 고민할 필요가 없다고 믿는다. 스스로 판단하고 생각하지 못하는 '엄지 세대'가 주축이 됐을 때 우리의 국가 경쟁력은 불을 보듯 뻔하다.

프랑스 철학자 세느는 두 개의 뇌 즉 검색의 뇌와 사유의 뇌가 동시에 존재할 때 긍정적인 미래가 가능하다고 주장하고 있다. 컴퓨터와 인터넷을 통해 빠르고 정확한 지식을 습득하고 새로운 정보를 영입하는 것도 중요하지만 이를 고민하고 재해석하는 사유(思惟)의 과정이 반드시 필요하다는 것이다.

사유하는 인간이 되기 위해 가장 좋은 방법이 무엇일까. 두말할 필요도 없이 그 답은 바로 독서다. 그렇다면 독서는 왜 필요한 것인가.

첫째, 독서는 세상을 넓게 보는 새로운 눈을 갖게 해 준다.

낡고 고루한 생각에서 벗어나 새로운 생각을 갖기 위해서는 배위야 하고 배움은 무엇보다도 책 읽기를 통해 이루어진다. 책을 읽다 보면 사리를 분별하게 되고, 세상에서 자신이 차지하는 위치를 알게 되며, 인생에서 자신이 해야 할 일이 무엇인지도 깨달을 수 있다. 독서는 지식을 넘어 인생을 사는 지혜와 통찰을 주기 때문이다.

둘째, 독서를 통해 다른 사람의 삶을 경험함으로써 소통하는 능력을 배울 수 있다.

움베르토 에코는 "자기 안에 있는 타자(他者)를 발견할 때 사람은 비로소 윤리를 얻는다."고 하였다. 책 속에는 나와 다른 수많은 이들의 삶이 담겨 있다. 타인의 고통과 실패, 슬픔을 보며 현재의 나를 돌아보고 위로를 받을 수 있다. 책은 시간과 공간의 한계를 뛰어넘어 수많은 타자를 만나게 해주기에 그들의 삶을 알게 되고 그들의 인격을 존중하며 소통의 방법을 발견할 수 있는 것이다.

셋째, 독서는 새로운 생각을 촉진하고 유발한다.

책을 읽으며 생각을 하다 보면 새로운 생각이 떠오르는데 이것이 바로 창의성이다. 자신의 분야에서 창의성을 발휘해 두각을 나타내는 사람들은 대부분 책을 많이 읽는 사람들이다. 무에서 유를 창조하기는 어렵다. 기발한 아이디어는 독서를 통한 수많은 사고 속에서 탄생된다.

의무감으로 읽는 독서는 즐거움이 아닌 노동이다. 고민하고 생각하지 않는 독서는 스마트폰 검색과 다를 바 없다. 끊임없이 질문하고 생각하며 책을 읽을 때 책은 우리에게 성공적인 미래를 여는 열쇠를 선물해 줄 것이다.

사색의향기는 설립 때부터 독서와 불가분의 관계를 맺고 있다. 사색의향기는 책을 쓰거나 만드는 분들이 우리 시대를 대표하는 사상가이며, 이분들을 선양하고 그 존재를 알리는 일이야말로 바로 사색의향기가 지속적으로 수행해야 할 중요한 사명 중 하나라고 생각하고 있다. 따라서 사색의향기 정관 제4조(사업)의 목적사업을 보면 독서 및 도서관과 연관된 사업만 해도 세 가지가 있다. 즉, '출판 및 독서문화 활성화 사업', '독서권장, 무료도서 대여 및 지원 사업', '도서관 설립 및 운영 사업' 등이 이에 해당한다.

사색의향기가 앞장서서 펼치고 있는 '출판 및 독서문화 활성화 사업'은 민간차원의 대표적인 독서 인프라 확충 사업 중 하나이다.

독서를 통한 지식 인프라 확충을 위해서는 국가 차원의 정책적 지원이 필요하며 민간에서도 솔선수범하여 좋은 독서문화를 전파하고, 건전한 토론문화를 선도하겠다는 사색의향기의 의지를 담고 있는 사업이라고 할 수 있다.

또한 '좋은 책 이벤트'를 통한 산업출판계 지원 사업을 꾸준히 실천해 오고 있으며, 아울러 사색의향기 커뮤니티를 활용한 다양한 콘텐츠를 활자화하여 지속적으로 출판해 오고 있다.

사색의향기가 관리 주체가 되어 건설하는 향기촌 행복마을에는 마을 도서관이 당연히 지어질 예정이다. 향기촌 마을 주민들이 지금까지 기부한(현재도 계속 기부가 이어지고 있음) 도서 2만여 권을 바탕으로 운영될 것이다.

향기촌 마을 도서관은 다음과 같은 기능을 수행하며 독서가 생활화된 행복마을의 버팀목이자 향기촌 인문학의 산실이 될 것이다.

1) 복합적인 문화·복지기능 활성화로 마을공동체의 구심점 역할

2) 공공도서관과 검색, 대출, 반납 등 연계체계를 구축하여 이용 편의성 제고

3) 학교와 연계하여 독서, 진로, 체험, 숙제 등 학습지원 프로그램 활성화

4) 마을의 생활 및 행정 정보센터로서 기능과 취약계층 정보격차 해소 기능 강화

5) 마을 주민의 문화증진 및 교류, 평생 학습 공간으로 운영

6) 일시적 아동 맡김 서비스 등도 수행하여 마을 복지기능 강화

7) 북카페 스타일 등 주민이 가고 싶은 매력적인 공간 제공

8) 향기촌 그리고 지역사회와 함께하는 도서관 운영

9) 마을 주민이 참여한 도서관 운영위원회 설치

10) 도서관 확충에 따른 전문 인력 양성을 통한 일자리 창출

11) 문화 융성을 위한 도서관 운영 및 기획 프로그램 운영

12) 마을 주민들이 사서 등 자원봉사로 참여하여 운영

13) 매년 향기촌 도서관 실태를 담은 백서 발간

Chapter

4

향기촌 마을 입지의 요건

마을 살이 기본 입지

농경사회에서 마을이 형성되기
위해서는 물과 농사지을 땅이
필수적이었다. 이런 이유로 대
부분의 한국의 전통적 마을은
산지와 평야가 만나는 곳 또는

평지와 하천이 만나는 곳이나 육지와 바다가 만나는 곳에서
형성되었다.

보다 구체적으로 살펴보면 마을의 입지를 결정하는 데
는 환경적인 조건과 사회경제적인 조건이 중시되었다. 조선
후기 실학자 이중환이 저술한 '택리지(擇里志)'는 네 부분으로

구성되어 있는데, 이 중 세 번째 부분인 〈복거총론〉에서 조선시대 당시 거주지의 이상적인 조건, 즉 가거지(可居地)의 요건으로 지리(地理), 생리(生利), 인심(人心), 산수(山水) 등 네 가지를 꼽았다.

'지리'란 땅의 생긴 모양으로 풍수지리를 말하는데 살기 좋은 곳은 풍수지리적으로 좋은 곳이어야 하며, 좋은 곳을 살펴보려면 물길, 들의 형세, 주변의 산 모양, 산과 하천 조건을 보아야 한다는 것이다.

'생리'란 땅에서 나는 이익을 뜻하는 것으로 생리가 좋아야 한다는 것은 땅이 비옥하여 농사를 짓는데 좋을 뿐만 아니라 물자의 거래와 유통이 유리한 장소라는 의미이다.

'인심'이란 이웃 간의 미풍양속에 해당하는데 아무리 지리와 생리가 좋은 곳이라도 그곳의 풍속이 좋지 못하다면 거주하면서 점차 좋지 못한 방향으로 삐뚤어진다고 보고 있다.

'산수'는 산과 강의 아름다움과 지형, 토양, 기후 등의 자연적 조건을 말하며 산수는 정신을 즐겁게 하기 때문에 아름다운 산수가 없으면 사람이 거칠어진다고 보고 있다.

여기서 언급한 지리와 산수는 환경적 조건에, 생리와 인심은 사회경제적 조건에 속한다. 환경적 조건은 마을의 지형조건 등이 정주지를 형성하는데 유리한가 하는 점이고, 사회경제적 요인은 농업을 경영하고 물이나 연료, 건축 재료의 조달(교통 포함)이 편리한지 등의 생활에 직접 관련되는 자원을 확보하는 것이 용이한가 하는 점이다.

전통마을에서는 입지의 환경적 조건 중에서 지형이 가장 중요한 판단 기준이었다. 풍수지리가 바로 마을의 입지를 선정하는 데 큰 영향을 미친 지형을 해석하는 논리였다. 전통마을의 전형적인 입지조건을 세부 지형의 측면에서 분석하면, 일반적으로 앞쪽을 제외한 삼면이 둘러싸인 장소에 주거지가 위치함을 발견할 수 있다. 이러한 지형 특성은 주거지의 영역감을 형성해 주며, 방풍 등 미기후(微氣候)를 조절하는 데도 유리하다. 또한, 입지를 수계(水系)의 측면에서 보면, 주거지는 마을 후면의 계곡으로부터 형성된 수로를 끼고 있다. 이는 수자원을 확보하고 마을 전면의 농경지 또는 하천으로 방류되는 수량을 적절히 조절할 수 있는 유리한 입지에 해당한다고 볼 수 있다.

향기촌은 지리(地理), 생리(生利), 인심(人心), 산수(山水) 등 네 가지 사항을 최대한 고려하여 건설될 것이다. 첫 향기촌인 홍성 행복마을을 비롯해서 이후 건설될 제2, 제3의 향기촌도 마찬가지이다. 상기 네 가지 고려사항 중 특히 '인심'의 경우는 사색의향기가 설립 이후 지금까지 추구해 온 문화 나눔을 통한 새로운 사회적 관계 형성과도 일맥상통하는 부분으로 함께 하는 주민들 간의 화합은 물론이고 기존 마을 주민들과의 화합 및 협력을 최우선시할 것이다. 궁극적으로는 인심으로 향기가 멀리 퍼져 나가는 '인향만리(人香萬里) 향기촌'을 이루어 낼 것이다.

환경적 요건

마을은 가능한 한 일상생활과 생업에 필요한 자원을 쉽게 얻을 수 있는 입지에 위치하게 된다. 일반적으로 마을에서 생활에 필요한 자원을 취득하는 데 드는 비용을 비교하면 물과 농경지를 확보하는 데에는 건축 재료나 목초, 연료 등 다른 요소들을 얻는 것보다 훨씬 많은 노력과 비용이 들어가는 것으로 조사되었다.

식수를 확보하는 것은 마을의 입지를 결정하는 데에 무엇보다도 중요한 요인으로 작용했다. 물은 사람의 거주와 생업인 농업에 다 같이 중요하기 때문이다. 곧, 물은 마을의 입지를 결정하는데 작용하는 환경적 조건과 사회·경제적 조건 모두에 불가결한 요소이다.

한국의 경우, 마을 입지와 관련해서 '배산임수[17]'를 기본으로 한다. 배산임수 지형은 뒤쪽의 산이 겨울에 불어오는 차가운 북서풍을 막아주고 연료용 땔감을 쉽게 얻을 수 있으며,

17
배산임수란 뒤쪽은 산으로 에워싸여 있고, 앞으로는 하천이 흐르는 골짜기의 입구나 산기슭의 비탈진 면에 마을이 위치한 것을 말한다.

앞쪽의 하천에서 생활에 필요한 물을 쉽게 얻을 수가 있고, 평평한 평야가 있어 농사지을 땅이 많은 장점이 있다. 또한, 마을 입구가 남쪽으로 향하여 일조에 유리한 특징을 가지고 있기 때문에 예전부터 배산임수가 마을 형성에 큰 영향을 주었던 것이다. 이처럼 배산임수 형태의 마을은 인간이 자연환경에 적절하게 적응한 결과이기도 하다.

향기촌은 이와 같은 환경적 요건을 중시하면서 대상지의 입지 요건을 면밀히 분석한 후 마을을 만들 것이다. 향기촌은 홍성 행복마을을 프로토 타입으로 건설하는 과정에서 입지 요건 등을 정확하게 분석할 수 있는 역량을 가진 마을 만들기 전문가도 아울러 양성하고자 한다.

사회경제적 요건

마을이 형성되는 조건 중에 환경적인 요인인 물도 중요하지만 교통, 생활양식과 같은 사회경제적 요인도 중요한 조건이다. 우리나라는 예로부터 도로와 도로가 만나거나, 도로와 하천이 만나는 곳처럼 교통이 편리한 곳에는 역원 촌락[18]이나 나루터[19]취락이라는 독특한 형태의 마을이

18
역과 원은 삼국시대부터 설치되었고, 조선시대에는 516개의 역이 있었을 정도로 많았다. 역과 원에 종사하는 관리와 그 가족들이 거주하고 일반 여행자의 왕래가 많아지면서 자연히 역과 원을 중심으로 촌락이 발달하였는데, 이를 역원 취락이라고 불렀다.

19
역원과 비슷하게 배도 중요한 교통수단이었다. 그래서 도로와 배가 다니는 큰 하천이 교차하는 곳에서는 사람들이 나룻배로 강을 건너기 위해 항상 붐볐고 나루터 주변에도 촌락이 발달하였는데 이를 나루터 촌락이라 불렀다.

발달하였다.

또한, 외적의 침입으로부터 방어하는 것도 마을의 중요한 입지 요건이 되었다. 우리 조상들은 외적의 침입에 대비하기 위해 적들이 쉽게 쳐들어오지 못하게 성을 쌓았다. 산이 높고 험한 곳은 외적을 방어하는 데 효과적이라 산성을 쌓는 경우가 많았으며 대표적으로 남아 있는 곳이 경기도의 남한산성과 행주산성으로 성곽 안에는 마을이 발달해 있었다.

국경 지대에는 외적을 방어하기 위한 군대가 있어서 군인과 그의 가족 및 상인들이 거주하던 군사 취락인 진(鎭)이 설치된 곳이 많았다. 오늘날 대부분의 진은 지명에서 사라졌으나 북한의 압록강과 두만강 방면의 국경 마을에는 아직도 혜산진, 중강진, 만포진 등의 지명이 남아 있음을 알 수 있다. 교통은 향기촌 입지 요건의 사회경제적 요건 중 가장 중요한 요소가 될 것이다. 교통 요건이 충족되면 마을 여건에 적합한 테마를 발굴하여 차별화된 향기촌을 구축할 수 있을 것이다.

홍성 행복마을 향기촌의 사회경제적 입지를 예로 들면 충청남도 도청이 가까운 거리에 있으며, 화성에서 홍성을 잇는 서해선이, 2024년 하반기에는 준공 가능할 것으로 추진되는 한편, 서해선-경부고속선 직결사업이 2030년 개통할 목적으로 추진되어 개통시 횡성역에서 서울 용산역 간 약 48분 정도가 소요된다. 또한, 충청 서부권에 국제공항 건설도 계획되고 있는 등 좋은 입지를 가지고 있다.

홍성 행복마을
'향기촌'의 입지

향기촌의 입지 전제 조건은 매우 까다롭다.

'도시 거주지에서 200km 이내이며, 수만 평의 농지와 대지가 있고, 10만 평 이상의 산이 있으며, 계곡에 물이 흐르고, 마을 앞에는 저수지가 있고, 외부에 영향을 덜 받는 분지 지형이면서 가성비가 좋은 곳'이어야만 한다. 이런 조건을 갖춘 향기촌 부지를 찾기 위해 전국을 답사한 결과 '충청남도 홍성군 대사면 갈산리'에 소재한 30여 만 평의 부지를 선정하였다.

충남 홍성(洪城)의 원 지명은 홍주(洪州)로 홍주는 '넓은 고을'이란 뜻에서 붙여진 땅 이름이 확실하며 오늘날에 홍성(洪城)으로 고쳐졌지만 넓다는 근본 의미에서 변한 것은 없다. 홍성은 바둑판처럼 넓고 평평한 지형, 기름지며 생산성이 많은 논밭, 많은 백성이 거주하는 큰 고을임을 여러 문헌에서도 확인할 수 있다. 또한, 홍주는 예부터 충신과 의인이 많이 태어난 충절의 고장이었다. 고려시대 최영 장군과 조선 전기의 문신·학자로서 사육신 중 한 사람인 성삼문 선생, 항일 독립운동에 앞장선 만해 한용운 선사와 백야 김좌진 장군이 태어난 곳이기도 하다. 근대에는 의병대장 민종식을 중심으로 홍주성에 모인 1,200여 명의 의병이 1906년 을사늑약 체결에 항거하여 일본군과 전투를 벌이다 장렬히 산화한 900여 의병의 유해를 모신 '홍주의사총'이 충절의 역사를 의연하게 보여주고 있는 곳이기도 하다.

홍성 행복마을 향기촌의 입지 요건을 앞에서 언급한 마을 입지 요건과 비교해 보면 다음과 같다. 먼저 환경적 요건으로는 입지에 가장 필요한 물을 넉넉히 가지고 있고 뒤를 산이 받치고 있는 전형적인 '배산임수' 지형이다. 향기촌 앞에는 '대사 저수지'가 위치하고 있고 배산은 금북정맥의 지맥인 '삼준산(489.4m)'이다. 이어서 사회경제적 요인으로는 향기촌이 속해 있는 홍성군은 충청남도 도청 소재지로 앞으로 충남의 지역 발전을 견인할 심장부로 자리매김하였다. 가장 중요한 요소 중 하나인 교통 관련 사항을 살펴보면 서울에서 120km 떨어져 있으며 자동차로 1시간 30분 정도 소요된다. 좀 더 자세히 말하면 해미IC에서 7.5km, 홍성군청에서 17km, 서산시와는 20km, 내포신도시(20만 명 규모 예상)와는 23km 떨어져 있다. 신도시 및 도청 소재지와는 인접해서 의료, 상업, 교육 등 생활 편의성 확보가 가능하고, 궁리항과 17km, 안면도와 22km 거리에 있어 서해 바다의 아름다운 경관을 쉽게 조망할 수 있으며, 주변 근거리 내 홍성 8경 및 서산 9경 등 볼거리가 넘쳐난다. 홍성 행복마을 향기촌의 마을 입지 요건을 요약하면 환경적 요건 및 사회경제적 요건을 두루 갖춘 최적의 곳으로 향후 발전성도 충분히 담보할 수 있는 곳이라 할 수 있다.

향기촌과 30분 이내 거리에 있는 종합병원으로는 홍성의료원과 서산의료원이 있다. 또한, 2026년에 개원하는 500병상 규모의 종합병원이 내포신도시에 들어설 예정으로 향기촌에 거주하는 주민들이 이용하기에 부족함이 없다.

홍성 제1경 용봉산

홍성 제4경 그림이 있는 정원

홍성 제7경 김좌진 장군 생가

서산 제1경 해미읍성

서산 제2경 마애여래삼존상

서산 제3경 간월암

Chapter

5

향기촌과
세계 명품 공동체마을

해외 마을공동체
협력 방안

세계 곳곳에는 각기 다른 자연환경과 생활여건, 문화를 기반으로 다양한 형태의 명품(성공적으로 운영) 마을공동체들이 존재하고 있다. 그 형태나 내용, 방식은 제각각이지만 하나의 공통점이 있는데 바로 마을에는 이웃이 있고 관계망이 잘 형성되어 이웃과 더불어 희로애락을 함께 한다는 것이다.

국내의 경우, 기존 마을공동체는 전통적으로 마을을 기반으로 서로의 관계를 중시하면서 대부분 종교 및 농산물 생산 중심으로 형성, 발전되었다. 반면에 새로 형성된 마을공동체는 대부분이 부동산 및 건설회사가 주도하여 기획, 건축 및 분양이 이루어져 가구 수가 소규모(20 ~40가구)이고 관리

기능이 미비할 뿐 아니라 지속가능성을 확보하지 못하여 새로운 인구 유입 없이 함께 노쇠화하는 형태여서 운영의 모범사례를 찾기가 어렵다.

향기촌은 도시 정서를 가진 200가구 이상이 새로운 마을공동체를 건설하여 기존의 전통적인 이웃 마을과 협력하여 공생하는 최적화된 마을공동체 사례를 만들고자 한다. 이에 따라 우리나라만의 고유한 공동체(향약, 두레, 계) 관계를 오늘날에 되살리는 동시에 현대 정서에도 적합한 새로운 개념의 문화나눔 마을공동체를 만드는 다양한 시도를 할 것이다.

이를 위해 한국의 전통적인 마을 및 한국 생태마을 공동체 네트워크와 협의하여 마을과 마을 간의 교류를 활성화하는 방안을 찾아보는 동시에 해외 명품 마을들의 사례를 조사하고 협력하는 방안을 적극적으로 모색하고자 한다.

특히 모범이 될 만한 해외 마을공동체 사례를 살펴보고 향기촌 건설 및 효과적인 운영에 필요한 요소들을 찾아 단계적으로 향기촌에 적용할 것이며, 이를 위하여 해외 명품 마을의 자료를 수집하고 방문하는 등 인적 교류를 포함한 서로 간의 협력 방안을 지속적으로 실천해 나갈 것이다. 해외 베스트 프랙티스 명품 마을을 선정하여 향기촌 공동체 및 마을 만들기 지도자 교육과 연계하여 마을 탐방 프로그램을 만드는 것을 그 예로 들 수가 있다.

따라서 이하에서는 현재 특성화된 마을공동체를 효율적으로 운영하고 있는 해외 명품 마을 사례를 하나씩 살펴보고 향기촌에 시사하는 점을 도출하고자 한다.

일본'미야마'마을공동체

"지속가능한 마을 만들기 사업에서 가장 중요한 것이 무엇이냐?"고 물었을 때 대다수 전문가들이 공통으로 꼽는 키워드가 바로, '주민 주도성'이다. 해당 지역에 대한 이해도가 가장 높은 이도, 공동체 속에서 지속적으로 삶을 영위할 이도 다름 아닌 마을 주민이기 때문이다. 주민이 주도하는 마을 만들기 사업의 대명사로는 일본이 꼽힌다.

일본의 마을 만들기 사업은 1970년대 도쿄도 세타가야 구에서 주민참여 사업으로 첫발을 뗀 이후, 1981년엔 간사이 지방인 효고현 고베시에서 마을 만들기와 관련한 첫 지방 조례가 통과됐다. 일본의 마을 만들기 사업은 2000년대 이후 본격화한 한국의 마을 만들기 사업과 견줬을 때 30년 앞서 마을이 가야 할 방향과 비전을 대내외에 명시한 것이라고 볼 수 있다.

일본 마을 만들기 사업 역사

연도	내용
1960년대	– 고도성장에 따른 문제인식기 – 1950~60년대 고도성장에 따른 급속한 도시화와 공해문제, 농촌 지역 과소문제 등에 대한 저항적 시민운동, 역사보전, 지역 살리기 운동 등 – 주민, 전문가, 지자체에 의해 '마을 만들기'와 공공이 지원하는 시책 진행 – 사례 : 나고야시의 사카에 히가시 지역
1970년대	– 주민이 주체가 되어 마을 만들기가 본격적으로 전개 – 주민 리더십을 통한 종합시가지 정비, 주민참여형 단지 재건축 시행, 거리만들기 등 다양한 마을 만들기 활동이 전개되고 성과를 보임 – 사례 : 동경도 세타가야구의 타이시도 지구 '수복형 마을 만들기', 오이타현 일촌일품 운동
1980년대	– 마을 만들기 확산기 – 기성 시가지를 대상으로 행정이 중심이 되고 전문가가 협조하는 형태의 활동 전개 – 마을 만들기 워크숍, 마을 만들기 지원센터 등 주민의 의지를 사회에 표현할 수 있는 새로운 수단과 공간 마련 – 사례 : 고베시(1981)와 세타가야구(1982)에서 마을 만들기 조례 제정
1990년대	– 마을 만들기 정착기 – 시민단체, 전문가, 일본 내 선진 지자체의 시책, 재단에 의한 경제적 지원, 마찌즈쿠리 3법 및 NPO법의 제정 등으로 전국 각지로 마찌즈쿠리 보급 및 정착 – 협의회, 시민조직, NPO가 마을 만들기의 중심을 이룸 – 사례 : 시민활동 추진 조례, 니세코쵸 카나가와 야마토시
2000년대	– 새로운 공공사회기 – 단순한 주거환경 개선뿐만 아니라 녹지나 농지의 보전, 교육·문화·복지·환경·일자리 등을 위한 마을 만들기, 하천보전, 도시계획 대안 정책 제안 등 다양하게 진행 – 새로운 공공의 개념으로 근린 자치정부와 같은 시민, 기업, 행정, 전문가 모두가 인정하는 수평 사회구조로의 변화

　　교토 시내에서 약 두 시간 떨어진 교토부 난단시에 속한 〈미야마 마을〉은 매년 수십만 명의 관광객이 몰려드는 명품마을이다. 96%가 삼림 지역으로 사실상 목재를 팔아 생계를 유지하는 것 외엔 경제적 부를 축적할 수 있는 방법이 없는 곳이었다. 실제로 해외에서 값싼 목재가 수입되자 지역 경제는 직격탄을 맞았고, 인구도 절반 가까이 지역을 떠났다(1955년 1만 명에서 2000년 5천 명). 같은 기간 고령 인구 비중은 30%까지 치솟아 마을로서의 수명이 끝났다는 진단을 받기에 이르렀다.

　　쇠퇴한 지역 공동체 활성화를 위해 미야마 마을이 택한 것은 지역자원을 활용한 '그린 투어리즘'이었다. 그린 투어리즘은 농촌의 자연경관과 전통문화, 생활과 산업을 매개로 도시민과 농촌주민 간의 교류 형태로 추진되는 체류형 여가활동을 말한다. 농가가 숙박시설을 제공하고, 특산물·음식 등 상품을 개발하며, 이벤트와 농사체험 등의 프로그램을 추가함으로써 농촌지역의 농업 외 소득을 증대시키려는 농촌관광전략이다. 일본에서는 1990년대 초반부터 농가소득 증대 및 농촌 환경보전을 위해 정부 차원에서 그린 투어리즘 정책을 펴왔다.

　　그린 투어리즘 정책을 실행하기 위해 미야마 마을은 가장 먼저 지자체와 지역민이 함께 참여하는 '마을활성화 추진위원회'를 꾸렸다. 마을의 성장과 발전의 과실이 외부로 새어 나가지 않고, 주민에게 오롯이 전달돼 지역 공동체가 와해되지 않는 것이 무엇보다 중요했다. 지방정부 주도로 정량적 목표를 세우고, 사업부터 시작하는 국내 마을 사업과 달리 미야마 마을은 지역 주민 주도로 마을의 문제와 이를 해결하기 위한 공통 관심사를 통합하고 구축하는 단계를 핵심 선행 과제로 삼았다.

미야마의 마을 연혁

구분	내용
제1기 (1970 -1988)	▶지역통합 시기 '논은 사각으로 마음은 둥글게' 라는 취지로 정부와 교토부의 보조 사업인 신 농업구조 개선사업이 시작됨. 구불구불했던 논을 반듯하게 재조정하는 작업으로 주민 간의 경계를 허물고 함께 일을 한다는 의식을 싹틔우는 작업을 수행함.
제2기 (1989 -1993)	▶지역자원 가치 발굴 및 네트워크 구축 - 자연경관의 중요성을 인식하며 '마을활성화 추진위원회'를 설립하여 그린 투어리즘을 추진할 수 있는 사업아이템을 연구하였고 도시와의 교류거점인 '미야마 자연문화촌'을 설립함. (정부보조금 1억엔 : 지역 창생 목적)
제3기 (1994 -2000)	▶그린 투어리즘과 신산업 만들기 가야부끼(억새지붕) 보존 및 그린 투어사업(자연체험학교, 산촌유학프로그램, 농촌체험 등) 활발히 진행.
제4기 (2001 ~)	▶진흥회 설립과 주민주도 지역 만들기 '자신의 지역은 자신의 손으로, 일본 제일의 시골 만들기'를 추구. 지역 과제를 도출하고 이를 함께 해결하는 집행기구 진흥회를 설립함.

미야마 마을의 주 수입원은 자연체험학교(산촌유학

프로그램, 농촌체험, 예술체험 프로그램 등), 자연문화촌 운영, 계절요리 판매다. 여기에 1992년에는 교토를 비롯한 외부 이주민들을 유치하기 위해 마을기업인 주식회사 미야마 후루사토를 설립했다. 이주 희망자를 위해 토지와 오래된 민가를 중개하거나 미야마 나무를 활용한 주택, 에코빌리지 판매, 숙박시설(미야마 자연문화촌)을 운영하였으며, 현재는 여러 특산품(우유, 장아찌 등)을 개발하고 가공해 전국 단위(배송)로 판매하고 있다.

하지만 미야마 마을이 일본 내에서 유명해진 계기는 따로 있었다. 바로, 유한회사 가야부끼사토다. 일본에서 가야부끼는 억새로 만든 초가집의 지붕을 의미하는데, 미야마 마을은 풍부한 억새로 일본에서도 고유한 가야부끼 초가집이 많은 지역으로 통한다. 미야마 마을은 지역 내 가야부끼를 전승하기 위해 후계자 육성은 물론이고, 소득 창출을 위해 가야부끼 가옥 내 민속자료관, 공방, 식당, 숙박시설 등을 운영하고 있다.

또한, 가옥의 억새를 주기적으로 갈아줘야 하는 주민들의 관리 부담을 경감시키기 위하여 관리 비용의 50%는 중앙정부가 35%는 지자체가 지원하고 있다. 현재 인구 5천 명인 미야마 마을을 찾는 연간 관광객만 70여만 명에 육박하며, 매출액은 4억 5천만 엔에 달한다.

향기촌에 시사하는 점 :

체험학교, 특산물 개발, 전통이 함께하는 관광테마 마을

영국 '토트네스' 마을공동체

'토트네스'는 영국 남서부에 위치한 인구 8,700명의 작은 마을이다. '토트네스'는 공동체가 지속가능하기 위해서는 앞으로 닥칠 '에너지' 문제에 철저히 대비해야 한다고 생각했다. 그들은 삶의 모든 영역에서 '석유의 영향력'을 지워나가기로 방향을 설정한 후 에너지를 바꾸고 삶의 방식을 바꾸는 '전환마을'을 만들어 나갔다.

2006년부터 시작된 전환마을 만들기는 '토트네스 에너지 하강 행동계획 2030'을 수립하는 것으로 시작되었다. 이들은 목표를 달성하기 위해 마을 전체의 에너지 소비량을 절반으로 줄이고, 남은 절반은 재생가능에너지에서 찾았다. 이를 위하여 건축물, 교통, 농업, 상업, 여가활동 전반에서 에너

지 소비를 줄이기 위한 행동에 들어갔다. 그리고 '토트네스 재생가능에너지 협동조합'을 만들어 지역에 재생가능에너지를 공급할 회사를 주민들이 직접 설립하여 사업을 진행하고 있다.

토트네스 주민들이 자발적으로 참여한 '전환거리 프로젝트'를 살펴보면 먼저 '전환가정'들을 모으고 참여 가구는 전기와 가스, 수도 요금을 절약하면서 몇 개월 동안 실천하는 가운데 절약이 생활화되면 '따뜻한 집 만들기' 프로젝트를 통해 건축물 단열 개선 사업을 벌이고 마지막 단계로 태양광을 설치했다. 각 가구가 비용을 부담해야 하므로 마을 회의의 합의에 따라 저소득층일수록 더 많은 지원을 해주었다.

토트네스 마을은 단지 에너지 전환만을 목표로 하지 않고 먹을거리, 경제, 문화 전반에 걸친 전환을 준비하고 있다. 이를 위해 씨앗을 교환하고 보존, 재배하는 방법을 서로 배우고 나누면서 '텃밭 짝짓기' 프로그램을 통해 재배 기술과 정보를 공유하고 있다.

또한, 토트네스 마을의 아이들은 태어나면 마을 자체에서 판매하는 유기농 면제품 '그린파이버'의 기저귀를 사용하고, 유기농 음식을 먹고 자라나 생을 마감할 때는 수목장을 하는 '그린퓨즈'의 서비스를 이용하는데 한마디로 요람에서 무덤까지 마을 자체에서 제공하는 친환경 상품과 서비스를 활용하고 있다.

토트네스 마을은 지역 먹을거리 운동을 통해 화석연료 의존율을 낮추고, 탄소 배출을 줄이며, 회복력을 길러 식량 안보를 지키는 가운데 협동조합과 마을기업을 키우는 일에 투자하고, 지역의 장인을 키우고, 작은 상점을 보호해 지역 경제를 튼튼히 함으로써 다른 지역에 대한 의존성을 줄이고 있으며 이를 위해 지역화폐를 만들어 유통시키고 있다.

토트네스 마을 주민들은 기후 변화와 석유고갈의 위험에도 준비만 잘하면 즐겁고 행복하게 살 수 있다는 확실한 믿음을 가지고 에너지 위기의 시대를 살아가는 해답을 '지역'에서 찾고 있다. '탈지역화' 대신 '재지역화'를 통해, 자신들이 살고 있는 마을에서 공동체성을 회복하고, 먹을거리와 에너지를 직접 생산하는 방식이 지역의 삶과 경제를 건강하게 만든다는 확신을 가지고 있다.

향기촌에 시사하는 점 :
전환마을, 친환경 상품, 에너지 절감.

미국 '로체스터' 마을공동체

NBN은 미국 로체스터시의 마을계획, 'NBN(Neighbors Building Neighborhoods)'을 뜻하는 것으로 서울마을공동체종합지원센터의 제1회 마을국제컨퍼런스의 주요 사례이기도 하였다.

'NBN'은 미국 뉴욕주 로체스터시가 '주민을 위한 살기 좋은 장소가 될 수 없을까' 하는 주민의 삶의 질을 높이기 위한 고민에서 시작했다. 로체스터시는 미국의 동북부에 위치한 뉴욕주의 작은 도시이다. 유명한 필름회사 코닥(Kodak)이 있었는데 코닥이 성장하던 시기에는 인구가 33만 명에 이르기도 했으나 디지털카메라의 발전과 함께 회사가 쇠락하면서 일자리가 줄어 시의 인구는 시간이 지날수록 급격히 감소했다. 월

리엄 존슨(William A. Johnson) 전 시장이 당선된 1994년에 로체스터시는 해결해야 할 문제가 많은 상황이었다. 시의 여러 기관은 정상적 기능을 실행하지 못했고 교육기관 또한 마찬가지였다. 이로 인해 주민들은 다른 곳으로 떠났고, 살기 좋은 도시에 대한 고민은 생존을 위한 당연한 것일 수밖에 없었다.

로체스터 시의 권역은 로체스터의 정치적 시스템에 맞추어 10개 지역으로 나누어져 있으며 각 구역의 지역 주민은 지역 위원으로 활동하고 있다. 누구나 자신이 살고 있는 지역의 지역 위원으로 활동할 수 있다. 로체스터시는 10개의 권역을 바탕으로 지역 주민이 스스로 자신이 속한 지역의 발전을 위해 할 수 있는 것이 무엇이 있는지 생각해보자고 권유하면서 시민이 각자가 생각하는 우선 순위에 대해 토론하고 협상하여 지역에서 가장 필요한 사업이 무엇인지 찾아낼 수 있는 자리를 만들었다.

이런 과정을 거쳐 '시민이 자발적으로 지역의 미래 계획 및 설계', '지역사회의 다양한 그룹과의 파트너십 관계 형

성', '지역 특유의 강점과 자산 살리기'라는 NBN의 비전이 만들어졌다. 이 비전을 달성하기 위해 '지역사회의 다양하고, 건강하고, 안정적인 발전', '지역사회 구성원, 단체 및 협회가 가진 강점과 자산, 능력의 활용', '시민의 필요에 맞는 복합적이며 지속가능한 사업의 진행', '도시 르네상스 계획과 상응하는 지역사업의 진행' 등의 목표가 정해지고 이를 실천하기 위해 노력한 결과 다음과 같은 성과가 창출되었다.

Sector Committees의 주도하에 사업이 성공적으로 수행되면서

① 사업 분야 : 노동인구와 사업주의 동반성장, 안전한 환경, 질 높은 교육, 건전한 지역사회 분위기, 주택공급, 녹지보전, 이웃 간 관심, 효율적 교통수단, 매력적 지역 환경 조성 등.

② 수집된 사업계획의 75% 이상이 첫 번째와 두 번째 NBN에 의해 성공적으로 진행됨.

③ 2015년 기준 행정부 연간 예산은 NBN 사업 관련 프로그램 반영됨.

④ 지역개발구역계획 내용은 로체스터시 르네상스 2010 계획에 포함됨.

⑤ 지역위원회는 주민참여계획을 위한 역할을 맡게 됨.

⑥ 주민은 학교설립계획, 사업성장 지원, 이동식 간이 경찰서 설치 등 다양한 업적을 만듦.

로체스터시의 전 시장 윌리엄 존슨은 시민의 참여를 통한 도시 단위의 포럼을 만들고, 지역사회와 시 행정이 공동의 비전과 아이디어의 우선순위를 정할 수 있도록 했다. 협동과 협력을 위한 전략적 구조를 제공하고 시민 참여를 활용하며 삶의 질을 향상시키기 위하여 노력하는 과정에서 주민을 이해시키고 설득하는 데만 2~3년의 시간이 걸렸다고 한다.

이러한 노력 덕분에 지역 주민은 도시 단위의 사업에 대해 앞다투어 성실하게 논의하기 시작했고, 시민의 도시 단위 계획을 '로체스터 2010'이라고 명했다. '로체스터 2010'은 12년의 장기사업으로 1998년에 시작하여 2010년에 끝나는 사업이었다.

'로체스터 2010 : Renaissance Plan' 르네상스 플랜은 새로운 도시 종합계획으로 1999년 시의회에 의해 결의되었다. 르네상스 플랜의 계획, 비전, 성장은 NBN 과정과 시민의 참여로 성공할 수 있었다. 이 계획은 삶의 질, 경제 건전성, 시민의 안전, 그리고 로체스터시의 이미지를 향상시키는 구체적인 방안을 제시하였다.

로체스터 2010에서 집중한 10개의 분야는 고급서비스, 우수한 교육, 관광지, 건강·안전 및 책임감, 건강한 인접 도시, 환경 관리, 중심도시, 지역 간 파트너십, 예술과 문화, 경제 활성화 등의 10가지로 이는 로체스터시 주민에 의해 선택된 우선순위 분야였다.

로체스터 2010은 시민을 지역사회의 안전, 유지보수 및 재개발에 참여시켜 스스로 협력하여 공동의 미래에 대한 계획을 세우고 그것을 실현하도록 기회를 제공하고자 했다. 또한 커뮤니티 활동의 장점을 장려하고 이러한 기회를 통해 지역사회를 향상시키고자 하는 가운데 책임감을 가진 시민으로 바꾸어 나갔다.

요약하면 로체스터시에서는 지리적으로 구역을 설정하고, 시민을 조직화하고, 적극적으로 참여하게 하며, 이해당사자의 다양한 협력을 이루어내는 NBN 과정을 통해 주민이 지역사회의 발전을 능동적으로 주도하게끔 했다.

향기촌에 시사하는 점 :

주민의 자발적 참여, 지자체와의 협력체계, 비전 공유.

아일랜드 '킨세일' 생태공동체

킨세일은 아일랜드에 있는 약 7,000명 정도 인구를 가진 아름다운 어촌 마을이다. 코크 시내에서 30분 정도의 거리에 위치해 있는데 마을의 모든 지붕은 아름다운 색으로 칠해져 있고, 저마다 독특한 특징과 분위기를 가진 식당들이 있어 아일랜드에서 손꼽히는 관광지 중 하나이다.

킨세일 마을은 롭 호킨스와 루이스 루니에 의해 석유 정점에 대응한 저소비 에너지 도시를 만들기 위한 트랜지션 타운(Transition Town) 운동을 2005년부터 본격화되기 시작하였다. 롭 호킨스는 에너지 생산, 건강, 교육, 경제, 농업분야에서의 지속가능성을 위한 창조적 적응 형태들을 마을의 지속가

능한 미래를 지향하는 로드맵에 담았고 킨세일 마을 의회에서
루이스 루니가 이 개념을 발표하여 의회 평의원이 결정, 에너
지 독립을 위한 프로젝트를 추진하게 되었다.

킨세일 마을
은 지역 마을 단위로
지속가능한 삶의 인
식을 높이고 가까운
미래에 지역 단위의
회복력에 큰 의미를
두고 에너지 사용을 줄이기 위한 방법을 구체적으로 모색하
고 있다. 또한, 에너지 문제를 단순히 물리적 관점에서만 접
근한 것이 아니라 사회적 지속가능성을 평가할 수 있는 사회
문화적 여건을 충분히 검토하여 에너지 감축 방안을 수립하였
다. 뿐만 아니라 다른 지역사회 및 도시에도 적용 가능하도록
설계하였으며 2005년부터 2021년까지의 단계별 실천 계획안
도 마련하였다.

킨세일 마을 모델은 경제적 세계화에 대응한 내생적 지
역발전 모델로 신자유방식의 지역주의를 넘어서 아래서부터
의 생태적 지역화를 모색하는 것이다. 이 개념은 트랜지션 타
운 또는 전환도시로 가는 지역화를 '재지역화(relocalization)'
로 정의하고 있는데 최대한 지역차원에서 호혜주의를 반영시

킨 개발방식이라고 할 수 있다.

따라서 트랜지션 타운은 거래 가능한 에너지 할당, 에너지 인프라 구축, 거대기술의 재구조화, 지역화된 음식의 생산, 지역순환, 지역의료 등이 아래로부터의 지역화를 생태적인 관점에서 진행하는 재지역화의 실행전략이라고 할 수 있다. 이러한 실행전략은 지역에 순응한 에너지 체계는 만드는 과정에서 로컬푸드, 로컬머니, 패시브 주택 등이 중요한 실천수단이 되고 있다.

재지역화의 정착을 위한 선행조건은

- 집중화된 리사이클링 시스템이 아닌 지역퇴비화 모색

- 관상용 나무식재가 아니라 생산을 위한 나무 식재

- 국제적 유기농 식품의 지원이 아니라 지역차원에서 공급

- 녹색건축 재료의 수입이 아닌 지역자원을 활용한 건축 모색

- 에너지 효율이 낮은 빌딩의 건축물 건축이 아니라 지역 패시브 주택 건축

- 탄소 발생을 유발시키는 행위가 아니라 지역사회 차원의 투자 메커니즘 필요

- 도덕적 차원에 머무르는 수준의 투자가 아니라 지역순환을 적극적으로 고려한 지역경제

- 소비자 중심주의가 아닌 상호주의 · 호혜주의를 지역사회 차원

에서 강조 등을 들 수 있다.

향기촌에 시사하는 점 :

지속가능성 실천 방안, 에너지 활용 방안.

덴마크 '크리스챠니아' 마을

크리스챠니아는 덴마크 코펜하겐 Badsmanstorede 43에 위치한 자유마을로 소개된 곳으로 자율적 자치 마을이자 진정한 아나키스트의 고민이 녹아 있는 지역공동체이다.

크리스챠니아에 들어가는 입구 옆에 아주 특이한 조각물과 벽화가 있다. 조각물은 쇠로 용접하여 만든 자유의 여신상이고, 벽화는 아름다운 세상을 상징한 에덴동산을 형상화한 그림이다. 자유의 여신상을 의미한 조각물은 크리스챠니아가 진정으로 추구하는 자유의 의미를, 벽화는 마을이 얻고자 하는 자유의 공간에 대한 갈망을 의미한다.

크리스챠니아 마을은 투쟁의 역사를 간직한 곳이다.

세계 제2차 대전 때에는 독일군의 군사기지로, 그 이전에는 스
페인과의 전투를 겪으면서 만들어진 굴곡의 역사가 지금의 마
을을 만든 것인데 현재도 덴마크와 인근 국가를 잇는 중요한
가교역할을 하고 있다. 크리스챠니아 곳곳에는 2차대전 당시
사용된 군사용 건물들이 생활공간으로 바뀌어 아나키즘의 상
징인 '자율적 자치지역'을 대변하고 있다. 히피의 문화적 습성
과 크리스챠니아의 공간적 특성이 적절하게 조화를 이루어 만
들어진 자율적 자치구이다.

　　세계 제2차 대전 이후, 독일군이 철수하면서 잠시 이
지역은 공간적으로 사용할 수 없는 공황상태에 이르게 되어
무정부 지역이었을 때, 한 집단의 시민들이 그레이 홀 근처의
Prinsessegrade와 Refshalevej의 모퉁이에 있는 담장을 넘어서
기 시작한 것이 지금의 크리스챠니아를 만드는 계기가 되었다.

　　1971년 정부는 1976년 4월까지 철거 명령을 내렸으나

오히려 크리스챠니아는 공공 상점,
공장, 공공목욕탕, 보육원, 유치원 등
을 비롯해 쓰레기 수거와 재활용 등
을 위한 다양한 지역사회 조직을 만들
었다. 1996년에 의회는 크리스챠니아
폐쇄를 연기하기로 결정했으나, 이미 크리스챠니아는 덴마크
의 거대한 상징이 되어 있었으며, 덴마크 국립박물관이 크리

스챠니아의 대안적 공동체에 대한 책을 출판하였고, 건축가와 도시 계획가들은 프리타운 운영에 대한 아이디어를 제공함으로써 크리스챠니아는 더욱 자율적 지역자치의 구심점을 찾게 되었다. 1976년에 또다시 철거계획에 의해 크리스챠니아가 폐쇄될 것으로 예상되었으나, 1978년 대법원에서 최종적으로 폐쇄 금지 판결이 났다.

마약 봉쇄가 행해진 1979년에서 80년 초반까지 크리스챠니아 지역은 마약으로 인한 혼란은 최고조에 달했으나 마약 상습자들에게 사용중단조치가 제안되었고 매매상들은 결국은 도태당하게 되면서 이를 계기로 크리스챠니아는 스스로 지역 문화를 만들어 갔다.

1989년에는 크리스챠니아법이 제정되고, 1991년에는 주민들이 세금을 꼬박꼬박 내는 조건으로 마을의 자치를 인정하는 협정을 체결했으며 1996년 여름에는 마을의 장기발전계획이 이 지역의 공식 '소유주'인 국방부와 마을 주민의 합의로 수립되어 오늘에 이르고 있다.

향기촌에 시사하는 점 :
자율적 자치, 지역문화 창달, 정부기관과의 협력체계.

독일 '지벤린덴' 마을

독일 지벤린덴 마을은 구동독 지역이었던 작센-안 할트 주의 알트마르크에 위치하고 있는 곳으로 생태공동체의 대표적 사례로 꼽히고 있다. 이 마을은 현대 산업사회의 폐해를 극복하고 자급자족의 원칙하에 1989년부터 조성되기 시작하여 합의제, 자급자족 그리고 인간과 자연의 가치에 큰 의미를 두고 있다. 마을을 조성하는 과정에서 마을조성 기본안을 구상하였고, 그 과정에서 주거중심지에는 자동차 진입의 최소화, 명상의 장소와 자연보호구역 지정 등 생태적 공간 운영방안을 하나씩 하나씩 실천해 나가고 있다.

지벤린덴 마을은 자신들의 구상을 실현하기 위한 구성

인원은 250명에서 300명 정도가 가장 적정하다고 판단하고, 자신들이 정한 적정규모를 유지하면서 지속가능한 삶의 양식이 가능하며 생태적이고 공동체적인 생태공동체로 사는 것을 최대의 지상목표로 설정하였다. 그리고 노동과 여가, 경제와 생태, 개인과 공동체, 도시문화와 마을문화가 조화롭게 균형을 이루면서 미래지향적인 생활을 지향하고 있다.

지벤린덴 마을은 생태적 삶을 지향하면서 자급자족하는 생태공동체로 이 자급자족은 주어진 자연조건에 순응한 삶을 지향하는 '생명지역화'를 실현하는 하나의 실천전략이다. 지벤린덴 마을이 지향하는 자급자족은 지속가능한 삶을 지향하는 데 있어서 매우 중요한 의미를 지니는 것으로 자급자족을 위해 기본적인 먹을거리와 일상용품에서부터 건축과 에너지 공급, 사회복지시설, 의료 및 교육시설 등에 이르기까지 거의 모든 생활을 지급자족의 원칙을 적용하고 있다.

공동체 단위의 경제는 생태마을 주거 협동조합 조직에 의해 관리 운영하고 있는데 협동조합은 마을의 기반시설과 공동체 시설의 관리를 맡고 있다, 이 조합은 개별 조합원과 '지벤린덴 유한회사'로 구성되어 있다. 이밖에도 마을에 적합한 건축을 위해 건축회사를 설립하여 2003년 4월 공작소 건물 건축을 시작으로 첫 사업을 시작하였는데 이는 고용효과를 불러일으켰을 뿐만 아니라 마을 주민들이 가구를 생산하고 아울러 셀

프 가구도 만들 수 있는 공간도 제공하였다.

지벤린덴 마을의 대표적인 상징 중의 하나인 유치원은 일명 숲속 유치원이라 불리는데 지벤린덴의 자연관과 사회관을 잘 설명해주는 곳으로 공동체 구성원의 제안에 의해 시작되어 유아 생태교육 문제와 관련해서 많은 시사점을 주고 있다. 아이들은 아침 식사용 빵을 배낭 속에 챙겨 넣고 숲속 유치원을 찾아 4시간 동안 자연 속에서 놀며 숲속에서 달리고 기어오르고 동식물을 관찰한다. 아이들은 자연스럽게 활동력을 늘리게 되고, 모든 생명체를 존중하는 것을 배우고, 인공적인 장난감 없이 자연 속에서 하는 놀이를 통해 아이들의 상상력을 자극하고, 서로 간의 의사소통과 상대방을 배려하는 마음을 키워 준다. 즉 지벤린덴 마을에서 운영하는 숲속 유치원은 궁극적으로 공동체 놀이를 통한 사회 학습에 주안점을 두면서 몸과 마음의 조화를 추구하는 교육관으로 아이들을 배우게 하는 대안유치원이라고 할 수 있다.

지벤린덴 마을의 내과의사는 사후적 관리의학인 일반의학과는 달리 예방의학 관점에서 의료행위를 하고 있는데 이는 생태적으로도 큰 의미를 지니는 것으로 직접 식물도 채취하면서 예방에도 불구하고 발병하면 식이요법을 통해 환자들의 위축된 부분을 강화시키면서 평형을 유지해 나가고 있다. 그래도 치료가 되지 않으면 약초를 먹고 긴급할 때는 합

성약재를 사용하는 가운데 자연을 이용하여 몸의 균형을 세우고자 하는 신과학의 치료법을 실행하고 있다.

특히 지벤린덴 마을의 화장실은 매우 독특해서 일명 생태뒷간으로 불린다. 즉, 소변과 대변을 분리하고 그 변들을 물로 쓸어내지 않고 축적하는 시스템으로 화장실을 활용하고 있는데 이 과정에서 생산된 인분은 아주 훌륭한 자원으로 재활용하고 있다. 지벤린덴 마을은 자연에서 식물을 채취하여 마을 주민들의 생명을 유지하고 다시 자연으로 돌려주는데 그 인분은 무수한 유기물을 생성하고 그 유기물들이 식물을 성장시키고 마을 주민들이 다시 그 식물을 취하는 자연의 선순환 사이클을 생활화하고 있다.

지벤린덴 마을은 공동체 체험을 원하는 사람들에게 숙식을 제공하고 공동작업 주간 참가에 따른 참가비를 받는 심화 프로그램 등 다양한 체험학습 프로그램을 운영하고 있으며 외부 참가자들은 식사도 하고, 아침요가에도 참여하고, 합창 등도 같이하면서 공동체를 체험하게 된다.

외부 참가자들을 위한 프로그램 중 하나인 태양열 건축 프로그램은 태양열 주택의 건축작업에 일반인이 참관하고 함께 참여하는 프로그램으로 생태건축으로 목재와 밀짚, 찰흙, 유리 등의 재료를 이용하고 있으며, 건축과정에서 생태공동체 혹은 공동주거 조성과정에서의 구성원 간 호혜적 관계를 도모하는 데 매우 중요한 역할을 하는 공유공간의 조성에 큰 의미를 두고 있다. 이밖에도 벌목, 축사 건축, 식물 재배법, 묵상체험 프로그램 등을 운영하고 있다.

향기촌에 시사하는 점 :

생태공동체, 적정 마을 규모, 마을 체험 프로그램 운영

해외 마을 사례의 시사점

상기 해외 마을공동체 사례에서 살펴보았듯이 마을공동체는 저마다의 역사적 배경, 지리적 환경 및 인적 구성으로 되어 있으므로 각각의 마을공동체에 적합한 형태로 공동체를 개발하고 운영하고 있다.

그러나 이들의 공통적인 부분은 마을공동체의 구성원을 중요하게 여기고, 마을 내, 외부 자연환경과 조화를 이루는 가운데 구성원 간에 지속적으로 소통하면서 공동체의 유대감, 일체감을 유지하기 위해 노력하고 있다는 것이다. 또한, 지역 자치단체들과의 유기적인 협력을 도모하면서 다른 이웃 마을들과도 선린관계를 맺어 사회적 관계망을 형

성하고 그 틀 속에서 성장과 발전을 모색한다는 것이다.

향기촌도 마찬가지이다. 내부 구성원 간에 지속적으로 소통하면서 지방자치단체와의 협력을 도모하고 이웃 마을들과의 선린관계를 구축한 이후에 해외 마을공동체들과 상호 방문 및 상호 교류를 통해 적극적으로 협력을 모색해 나갈 것이다.

서로가 가진 장점을 교환하고 이를 통해 각자의 부족한 점을 개선해 나간다면 인드라망의 구슬처럼 서로가 서로를 비춰주며 성찰하고 발전해 나가는 협력 체제를 구축할 수 있을 것이다.

대한민국 최초의 도농상생 기획공동체 '향기촌'은 세계의 많은 마을들과 차별화되지만 협력을 바탕으로 교류를 활성화한다는 원칙을 지속적으로 유지해 나갈 것이다.

〈에필로그〉

향기촌 100년 행복 기획서를 마무리하면서 ———— .

인류 역사를 변화시켜온 요인 중 가장 중요한 다섯 가지는 기후, 전염병, 과학기술, 전쟁, 혁명 다섯 가지를 들 수 있을 것이다. 이 다섯 가지 요인들이 서로 영향을 주고받는 가운데 인류는 진보와 생존의 위기를 번갈아 겪으며 역사를 만들어왔다.

현재는 4차산업혁명 시대라고 일컬어진다. 지난 10만 년의 시간 동안 축적되었던 기술보다 훨씬 비약적인 기술의 진보가 이루어질 것으로 전문가들은 전망하고 있다. 과학기술의 발전과 이에 수반된 물질문명의 번영은 한편으로는 인류에게 편리하고 풍요로운 세상을 선물해 주었지만, 다른 한편으로는 인류의 풍요로운 발전 뒤에 숨은 어두운 그림자, 즉 자연 파괴, 정신문명의 한계, 국수주의, 양극화 등이 인류의 발전과 삶을 위협하고 있다.

기술은 발전하였지만 역설적으로 삶이 팍팍해지는 문명사적 명암이 교차하는 시대이다. 과학자들은 현재의 슈퍼컴퓨터가 더 진화하여 양자컴퓨터가 되고 컴퓨터 CPU가 뇌와 연결되는 등의 방식으로 인간과 초고성능 컴퓨터가 물리, 화학적으로 결합되는 시대가 올 것으로 예측하고 있다. 이렇게 될 때 인간의 존엄성이 지켜지는 인간 중심의 사회가 존속될 수 있을 것인가는 회의적이다. 과학기술의 역설이자 발달된 문명이 만들어 낸 어두운 그림자이다.

앞서 발간사에서 언급하였듯이 미증유의 코로나 사태가 지구촌의 생존을 위협하였다. 많은 전문가들이 코로나 이후의 양상이 기존 패러다임들을 큰 폭으로 변화시킬 것이라고 입을 모으고 있다. 변화의 방향이 긍정적인 측면 보다 부정적인 측면, 예를 들면 나라 간, 인종 간 고립주의 및 배격주의의 확산, 양극화 심화 등을 가져올 거라는 분석들이 지배적이다.

더 암울한 것은 전 세계적으로 경제가 축소되고 실업률이 높아질 때 이와 같은 상황을 돌파할 수 있는 효과적인 솔루션을 찾아내기가 어려울 거라는 것이다. 생존의 변곡점 시대에 인류는 과연 어떻게 살아나가야 하는가.

사색의향기는 2004년 창립 이래 지난 19년 동안 한국 사회의 발전에 따른 명암을 지켜보면서 민간차원에서 사회를 보다 건강하고 행복하게 만들 수 있는 문화나눔 운동을 묵묵히 펼쳐왔다.

현시대를 살고 있는 우리를 둘러싼 제4차 산업혁명, 고령화, 베이비부머 세대의 본격적 은퇴, 코로나 사태 등의 환경은 사색의향기의 기존 활동방식에 대한 변화를 요구하고 있다. 사색의향기가 가장 중점을 두고 추진하고 있는 집단귀촌사업 향기촌도 예외는 아니다.

그동안 축적된 경험과 회원들의 전문성을 최대한 활용하여 이른바 '슬기로운 사색의향기 활동방식'을 조속히 정립할 것이다. 하지만 방식이 바뀐다고 해서 지금까지 지켜온 사색의향기의 정체성을 잃어버리는 우를 결코 범하지는 않을 것이며, 인문학을 바탕으로 구성원을 소중히 여기는 사람 중심의 활동방식은 흔들림 없이 지켜질 것이다.

한국을 포함 전 지구적으로 진행되고 있는 변화와 도전을 극복하고 인간의 존엄성을 지키는 가운데 품위 있는 삶의 대안을 모색하는 일이 사색의향기의 최우선 과제이자 집단 귀촌 마을 향기촌의 사명일 것이다.

아무도 가 보지 못한 길, 어떠한 시행착오를 겪을지 그 누구도 예측할 수 없는 길이지만 사색의향기는 서로를 존중하고 믿고 의지하며 이 길을 묵묵히 걸어갈 것이다. 기필코 다다를 멋진 세상을 꿈꾸며 달팽이처럼 쉼 없이 우린 이 길을 갈 것이다.

불확실한 미래에 대한 막연한 두려움이나 고민으로 망설이는 것보다 지금까지의 경험과 사색의향기 구성원들의 성원을 든든한 지렛대로 삼아 사색의향기 그리고 향기촌만의 길을 가고자 한다.

홍성군수와 면담 시 향기촌에 대해 다음과 같이 대화를 나눈 바 있다.

(향기촌)　어떤 도움도 바라지 않고 모든 것을 스스로 하려고 합니다.

(홍성군수) 찾아오는 사람들 대부분이 시작도 하지 않으면서 지자체에 보조나 후원을 요청하려고 하는 경우가 많았는데, 향기촌은 스스로 일을 하려고 해서 특별히 호감이 가면서 무척 신뢰가 갔습니다.

(향기촌)　지역의 초등학교를 명품초등학교로 만들 것이며 정원을 두 배로 늘리겠습니다.

(홍성군수) 도시인들이 지역과 협력하는 구체적인 방법을 제시하여 신선한 충격을 받았습니다. 이러한 것은 저희 지역의 입장에서는 엄청난 일입니다.

(향기촌)　친자연, 친환경 마을 만들고자 합니다.

(홍성군수) 대부분이 대동소이한 부동산개발 방식으로 자연환경을 염두에 두지 않고 사업을 하는데 향기촌은 자연환경을 매우 중시하면서 지속가능한 공동체를 만들려고 노력하고 있는 점이 참으로 인상 깊었습니다.

홍성군수는 향기촌을 추진하는 사람들이 지역의 입장에서 무엇이 중요한지를 정확하게 꿰뚫고 있어서 깊이 신뢰하게 되었다고 말했다.

향기촌은 이 땅의 시니어들의 행복한 미래를 준비하는 위대한 도전이라고 감히 선언한다. 우리의 노력과 지자체, 지역사회와 한마음 한뜻이 되어 단단한 신뢰를 바탕으로 목적한 바를 반드시 성공적으로 마무리하여 지속가능한 명품 마을공동체로 자리매김할 것이다.

향기촌을 만드는 도전과정에서 얻은 성공과 실패의 귀중한 경험들을 지금까지 사색의향기가 그래 왔던 것처럼 우리나라를 넘어 전 지구촌과 공유할 것이다.

향기촌이 인류의 희망인 우리 모두의 마을이 되길 간절히 염원한다.

〈추천사〉

기창주의 한몸사회를 창조한다는 개척정신

허신행

(사색의향기 고문, 44대 농림수산부 장관)

우리가 살고 있는 이곳, 한반도는 세계에서 가장 아름답고 가장 살기 좋은 곳입니다. 기후풍토와 동물 및 식물의 생태계로 보더라도 다양하고 변화무상한 곳입니다. 삼면이 바다로 바람과 비, 태풍과 폭우, 눈과 얼음 등 없는 것이 없을 정도로 다양하고 변화가 심해서 사람들도 적응력이 빠르고 머리가 좋으며, 동물과 식물들도 명품들이 많습니다. 우리 민족은 정말로 좋은 곳을 잡아 만년 이상 살아오고 있습니다.

　일반적으로 부잣집 자식들이 열심히 노력하지 않듯이

우리 민족도 살기 좋은 곳에서 오래 살아오다 보니 농경시대를 거치면서 가난했지만 자족하면서 풍류를 읊고 사는 동안 가용 면적으로 인구밀도가 세계에서 가장 높은 곳으로 변했고, 산업화에 뒤처지게 되었습니다. 이제 자본주의 산업사회는 가고, 4차 산업혁명이란 지엽적인 것이고, 거대한 새로운 기창주의(技創主義) 한몸사회가 도도하게 밀려오고 있습니다. 이 새로운 문명은 지구촌 55개 민족 중에서 우리 한민족(위로 거슬러 올라가면 조선족, 선비족, 동이족, 배달족, 구리족, 천손족)이 이끌어 가게 돼 있습니다.

　　이런 시대적 운명과 사명 속에서 이영준 상임대표를 중심으로 한 여러분들이 구상해온 '향기촌 100년 행복 기획서'는 바로 우리 국민뿐만 아니라 인류가 살아가야 할 도농융합의 비전, 아니 향기로운 촌락의 꿈을 제시할 수도 있다는 직감이 드는 것은 너무 앞서가는 생각과 과분한 기대일까요? 여러분은 할 수 있고 해낼 수 있다는 믿음이 듭니다. 사색의향기 회원 여러분은 재테크에 대한 욕심이 없어 보이고, 매사를 깊이 사색해볼 수 있는 자세와 능력을 갖췄다고 보기 때문입니다.

　　그렇다면 급히 서두르기 전에 우선 스터디그룹을 만들어 화란과 스위스 등 국토 발전을 거시적이고 길게 내다보고 설계 개발해온 선진국들을 벤치마킹하고, 우리 도시와 농촌의 장단점들을 두루 점검하며, 다가올 새로운 기창주의 한몸사회의 변동물결을 예측하면서 교육과 문화, 예술 등 모든 분야를 다 아우를 수 있는 설계서부터 만들도록 노력해보시기 바랍니다. 지구촌은 머지않아 1시간 일일생활권으로 바뀝니다. VR과 AR은 물론 인터넷과 스마트폰, ZOOM과 언텍트 등으로 언제 어디 있으나 전 인류는 다 연결되고 하나 되어 한 가족처럼 살아가게 될 것입니다.

이런 시대를 맞이하여 여러분은 100년 앞을 내다본 '향기촌'을 구상하고 실현시키기 위해 노력하고 계십니다. 타이밍도 아주 좋습니다. 114만 농어가 대부분이 고령인구로 바닥을 치며 허덕이고 있습니다. 이런 때 7백만 베이비붐 세대와 748만 비정규직은 물론 청년 실업자 중에서 만년 이상의 농경시대를 정리하고 새로운 기창주의 한몸사회를 창조한다는 개척정신을 가진 사람들이 대거 들어가 100년 앞을 내다본 향기촌을 건설할 수 있다면, 도시 실업문제를 해결함은 물론 새로운 문명을 창조하고 전 인류를 평화로운 세상으로 인도할 수 있는 시대정신까지 부흥시킬 수 있을 것입니다.

새로운 사회적 가족 공동체

윤 해 진

(경제학 박사, 국립한경대 교수, 국제농촌개발전문가)

지금까지의 지역공동체는 공동경제활동(키부츠), 종교(신앙촌, 특별종교사회), 자연부락(전통위계 중심), 행정구역(동, 리, 마을, 부락), 취미-특정분야(예술인 마을), 기타(사업장, 학교, 기숙사, 군대) 형태로 생성 발전 소멸 유지되어 왔습니다. 저는 국제농촌개발 전문가로 활동하며 다양한 농촌공동체를 연구하고 경험해 본 결과 전통적 공동체는 인구의 초고령화 등 새로운 사회적 현상과 수요를 수용하지 못하는 한계성을 갖고 있습니다.

특히, 코로나19가 인류의 삶과 문명을 위협함에 따라 장구한 인류역사를 통해 형성된 보편적 규범도 뉴노말로 순식간에 대체되듯이 공동체에도 많은 변화를 일으키고 있습니다. 우리 하나하나가 국경과 인종과 빈부와 신분에 관계없이 모두 초연결되어 있지만, 이제는 모두 적절하게 떨어져 공생해야 하는 새로운 차원의 지역화(localization)를 가속시켜 줄 것입니다.

　　　이처럼 공동체 사회에도 팬데믹 뿐만 아니라 새롭게 등장하는 사회적 가치와 수요에 부응하여 뉴노멀을 모색해야 하는 시점에 인류역사상 존재하지 않았던 새로운 사회적 가족 공동체가 우리나라에서 기획되고 추진되어 옴에 놀라지 않을 수 없습니다. 저는 '향기촌 100년 행복 기획서'를 읽어 보고 그 특징을 코로나19가 인류사회에 강하게 보내고 있는 지역화(localization) 메시지와 연관하여 세 가지 관점에서 조명해 보았습니다. 하나는 건강한 삶, 두 번째는 사회적 안전망, 세 번째는 공동체 거버넌스의 투명성입니다. 이 세 가지 가치를 구현함에 있어서 개인 삶과 가치의 우선 보장 원칙하에 공동체 삶의 여러 영역에 적용해 나가는 운용 메커니즘으로 접화군생(接化群生)을 제시함에 놀라지 않을 수 없습니다.

　　　저자의 놀라운 혜안과 논리체계 그리고 우리 모두의 공감을 이끌어 내는 비전 제시에 진심으로 응원과 찬사를 보냅니다. 이 기획서는 우리나라뿐만 아니라 전 세계적으로 가속화되어가는 지역화 과정에 크게 도움을 주리라 확신합니다.

미래지향적인
생태마을 공동체

임진철

(청미래재단 이사장,

한국생태마을공동체네트워크 공동대표))

농업문명 시대에는 일터와 삶터가 마을과 지역사회를 기반
으로 모듬살이를 해왔습니다. 그런데 산업문명 시대가 되면
서 삶이 공장과 사무실 중심으로 이루어지게 되고 경쟁사회
가 되면서 어느덧 각자도생 모래알 사회가 되었습니다. 그렇
게 되니 사람들은 사회적 우정 기반의 공동체 사회를 그리워하
게 되고 그런 삶을 찾아 나서는 사람들이 점차 많아졌습니다.

최근 코로나 팬데믹으로 인하여 화상회의와 재택근
무 그리고 원격교육의 일반화로 인하여 시골에 살아도 직업

을 유지할 수 있는 시대가 도래했습니다.

　　재택근무 시대가 열리면서 서울의 오피스텔과 가족이 있는 농촌의 집을 오가며 사는 컨츄리 노마드 라이프 스타일로 살겠다는 사람들이 늘어나는 등 탈도시화 바람이 일고 있습니다. 이런 라이프 스타일 트렌드와 인공지능 로봇 기반의 제4차산업혁명은 네오 농업 문명 시대를 앞당길 것입니다.

　　사색의향기와 지속적으로 협력하고 있는 청미래재단은 네오농업 문명사회(초록문명 생명사회)를 지향하며 바람직한 모둠살이 마을을 연구하며 가능한 실천을 해오고 있습니다. 농촌에는 '생태문명마을'을, 도시에는 '도시농부 풍류마을'을 만들어 나감으로써 다가오는 초록문명 생명사회를 앞당기려고 노력하고 있습니다. 저희가 추구하는 이상이 사색의향기의 도농 상생 마을인 향기촌을 통해서 구현되길 강력하게 희망합니다.

　　향기촌은 제4차 산업혁명의 물결에 편승하여 제(諸)산업이 농림어업, 문화예술과 결합하여 드림 소사이어티(dream society) 흐름으로 나아가는 가운데 산업의 융복합화(1차+2차+3차+4차+5차=15차)가 일어나 지속가능한 명품 마을로 발전할 것으로 확신합니다.

　　이번에 출간되는 '향기촌 100년 행복 기획서'에는 상기한 내용을 포함하여 귀촌에 관한 다양한 콘텐츠들로 구성되어 있습니다. 미래지향적인 생태마을 공동체의 구성원이 되고자 희망하는 분들에게는 필독서가 될 것으로 생각합니다.

관심을 가지고 읽어 보실 것을 추천드립니다.